DIESES BUCH MÖCHTE ICH MEINER TOCHTER NATASHA WIDMEN
SOWIE DEM GEDENKEN AN MEINEN VATER SEYMOUR

ASIEN

ASIEN

Wohnideen aus Fernost

KELLY HOPPEN

FOTOGRAFIE VON BILL BATTEN

VORWORT VON DAVID TANG

TEXT VON ALEXANDRA CAMPBELL

monte von DUMONT

Die Deutsche Bibliothek – CIP-Einheitsaufnahme:

Asien: Wohnideen aus Fernost / Kelly Hoppen
[Übers.: Titus Kreyenberg]. – Köln:
DuMont 2000
(Monte von DuMont)
Einheitssacht.: East meets West <dt.>
ISBN 3-7701-8578-1

Aus dem Englischen von Titus Kreyenberg
Redaktion und Satz der deutschsprachigen Ausgabe: Books & Bagels, Köln-Amsterdam
Umschlaggestaltung: BOROS, Wuppertal

Printed and bound in China
ISBN 3-7701-8578-1

Inhalt

Meiner Ansicht nach entstanden die Verbindungen zwischen dem Osten und dem Westen vor allem zwischen Propheten und Profiten: Man denke an die große Seidenstraße, entlang derer die Karawanen zogen, um Edelmetall gegen Seide zu tauschen, wo aber auch die Lehren von Buddha, Mohammed und Christus weitergegeben wurden; an die epischen Seereisen von Niederländern, Portugiesen und Spaniern auf der Suche nach Gewürzen und Spezereien, sowie an den Handel der »East India Company« mit China – zunächst mit Tee und Porzellan, später mit Opium. Dennoch erreichten nicht viele Abendländer überhaupt das Land der Morgenröte, das über Jahrhunderte ein sehnsüchtig-geheimnisumwittertes Ziel blieb. Was man an Wenigem wußte, kam von Reisenden wie Marco Polo oder Matteo Ricci – doch alles in allem blieb der Orient vor allem fruchtbarer Hintergrund westlicher Seefahrerphantasien.

Erst im 17. Jahrhundert entsandten die Niederlande einen Botschafter nach Peking – in der Hoffnung, sowohl diplomatische wie Handelsbeziehungen formell zu eröffnen. Obwohl diese Mission an sich wenig erfolgreich war, war einer der Reiseteilnehmer, Johan Nieuwhoff, glücklicherweise ein begabter Zeichner, der dort eine Reihe von Skizzen schuf – darunter auch solche vom Porzellanturm von Nanking sowie der kaiserlichen Gärten von Peking. Diese Bilder zeigten Europa den Fernen Osten zum ersten Mal, wie er wirklich war, und seine Radierungen inspirierten bald darauf die ersten Chinoiserien – ein erstes stilistisches Zusammentreffen. In unseren Tagen ist die Grenze zwischen Morgen- und Abendland durch den Zauber moderner Reisen deutlich schmäler geworden, doch wäre es wirklich bedauerlich, verschwände sie im Laufe der Zeit ganz: Zu groß ist immer noch der gegensätzliche Reiz dieser beiden so nahen wie fernen Kulturen.

Auf diesem Hintergrund hat Kelly Hoppen ein bezauberndes Buch über die Begegnung beider Welten geschaffen. Es gibt ja eigentlich keinen direkteren Einfluß auf unser tägliches Leben als unsere Wohn- und Arbeits-Umgebungen – und dieser Band macht augenfällig, wie nahe uns darin auch im Westen Yin und Yang stets sind.

Es mag Propheten, Profite und mehr als ein Jahrtausend gebraucht haben, um diese fernen Welten zusammenzubringen, doch die künstlerischen Ergebnisse dieser Begegnungen sind immer ungewöhnlich schön. »East meets West« legt hiervon wieder Zeugnis ab.

VORWORT

Reisen um die Welt haben enormen Einfluß auf unser aller Leben ausgeübt – und nirgends wird dies so deutlich wie in unseren Begriffen von Mode oder Stil. Künstler waren schon immer von Exotischem oder mindestens Unüblichem angezogen und versuchten dann in ihren Werken, die verschiedenen Elemente der Welt auszubalancieren. So ist »Harmonie« auch das Schlüsselwort für den Innenarchitekten – und wie unser Leben umfassender wurde, sollte sich auch unser Heim entsprechend entwickeln. Meine eigene Bewunderung für das Wesen des Ostens entstand auf diesem Hintergrund. »East meets West« ist für mich ein wirklich modernes Buch: Es ist zeitgenössisch und transportiert dennoch Traditionen, es ist flexibel und handelt doch von fundamentalen Dingen unseres Lebens, es ist höchst individuell auf dem Rücken klarer stilistischer Vorgaben.

Während der letzten 20 Jahre habe ich Innenräume aller Art entworfen, wobei ich meine Quellen vor allem auf meinen Reisen fand. Ob die grundsätzlichen Ideen nun aus Mode, Musik, Architektur oder Kunst kommen – ich kann mich nicht bremsen: Ich muß unter allen Umständen immer herausfinden, welche Persönlichkeit denn in welchem Environment leben möchte, bevor ich sie mit meinem über die Jahre zusammengetragenen Fachwissen zu stilsicheren Lösungen geleite, mit denen sie gerne leben. Es ist mehr als wichtig, Menschen das Zuhause zu verschaffen, das sie sich wünschen.

Modernes Design entwickelt sich aus der Mischung von Strukturen, Farben, Stilarten und Kulturformen – hierin ist nichts mehr statisch. Oft genügt es, seinen persönlichen Stil zu ändern, bestimmte Dinge ein wenig anders zu sortieren – schon entwickelt sich ein anderes Lebensgefühl. Meine größte Belohnung liegt darin, wenn ich Freunden ihr Haus verändert zurückgebe, und sie mir nach einiger Zeit mitteilen, daß sie sich fühlen, als wäre es nun ihr »eigentliches« Heim – und doch schon so bekannt. Ohne asiatische Balance ist kein Raum fertig. Ohne Anzeichen östlicher Liebe zu Klarheit und Ordnung empfinde ich westliches Design als unfertig. In dem Maße, wie unsere Leben komplexer werden, wird wohl dieser Sinn für Klarheit und Ordnung immer wichtiger; wenn wir daher unser Heim betreten, sollte dieses zwar gut aussehen, aber sich vor allem auch gut anfühlen.

EINFÜHRUNG

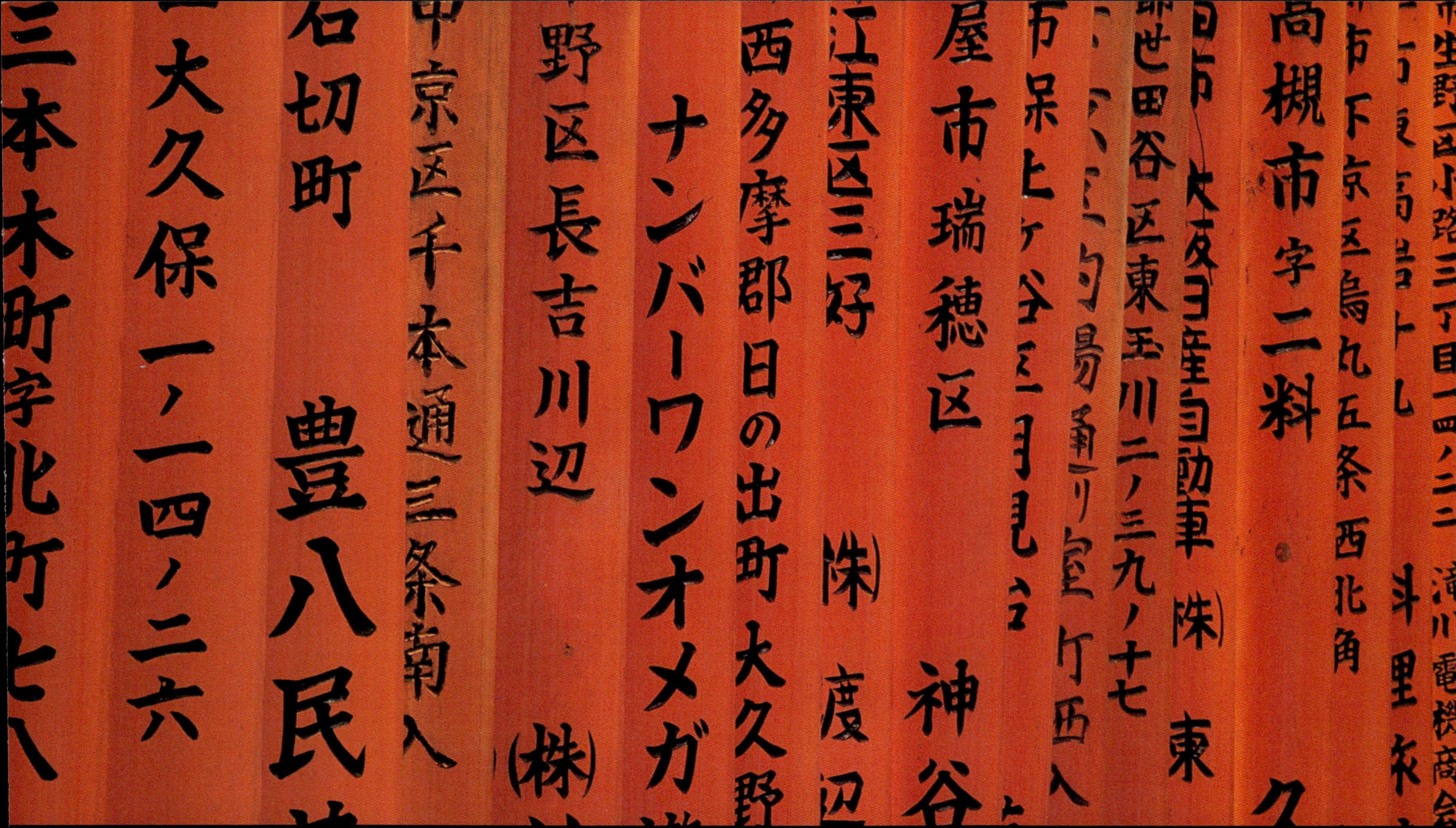
高槻市字二料
世田谷区東玉川二ノ三九ノ十七
屋市瑞穂区
神谷
江東区三好
西多摩郡日の出町大久野
ナンバーワンオメガ
野区長吉川辺
(株)
中京区千本通三条南入
石切町
豊八民
大久保一ノ一四ノ二六
三本木町字北町七八

DER STIL

INSPIRATION

Im Grunde ist es unmöglich, von *einer* asiastischen Kultur sprechen – zu groß sind die Differenzen zwischen dem Menschengewimmel der chinesischen Städte und den geheimnisumwitterten Bergfestungen Tibets oder Burmas, der strengen Ordnung Japans und der Opulenz Indiens oder den reichen Traditionen der persischen Länder. Fast überall jedoch drängt sich ein Eindruck von Exotik auf, ein spezifisch »fernöstliches« Gefühl, das sich nicht in wenigen Worten beschreiben läßt.

Der Einfluß des Buddhismus macht sich in der gesamten Region bemerkbar; er prägt die Liebe zu Ordnung und Harmonie, den Respekt für Handwerk und natürliche Materialien sowie das Ideal der Ausgewogenheit von Gegensätzen – von Yin und Yang, weiblich und männlich, hell und dunkel, kalt und warm, gebogen und gerade. Der Mensch ist gehalten, in Harmonie mit seiner Umwelt zu leben. So erfreuen sich Natur und Naturmaterialien besonders hoher Wertschätzung. Die Tradition von Klarheit und Disziplin vereint den Hinduismus in Indien und den Zen-Buddhismus in Japan.

Unser westlicher Stil steht in starkem Gegensatz zum asiastischen. Er erfuhr seine nachhaltigste Prägung im 15. Jahrhundert: in der Renaissance. Der Ausbau von Handelswegen und die dadurch entstandenen besseren Reisemöglichkeiten beeinflußten auch das künstlerische Leben; ihren Höhepunkt fand diese Entwicklung im bisweilen bis ins Absurde gesteigerten Prunk des Barock: Anstelle von Klarheit und Ordnung stand die Verarbeitung aller erdenklichen Einflüsse. Daraus entstand ein opulenter, oftmals überladener Stil. Erst im Zu-

IN DIESEM BEEINDRUCKENDEN EßZIMMER WURDE NUR MIT ZWEI FARBEN GEARBEITET – DEM LEUCHTENDEN DUNKELGRÜN EINES REISFELDES UND EINEM TIEFEN SAMTSCHWARZ VOR NEUTRALEM HINTERGRUND. DIES WIRD UNTERSTRICHEN, INDEM SCHWARZ ALS VERBINDENDES ELEMENT ÜBERALL IM RAUM AUFTAUCHT – IN DER LAMPE, DER KALLIGRAPHIE UND DEM SPIEGELRAHMEN. EIN WENIG GOLD SETZT AKZENTE. HIER WURDE FARBE MUTIG IN GROSSEN BLÖCKEN EINGESETZT, KEINE ANDEREN ELEMENTE HINZUGEFÜGT, UND SO ZEIGT SICH, WIE ALTHERGEBRACHTE FARBKOMBINATIONEN DENNOCH UNGEMEIN ZEITGENÖSSISCH UND STILVOLL AUSSEHEN KÖNNEN. AUCH DIE PFLANZEN – FRISCH GESCHNITTENER BAMBUS – SPIEGELN DIE RUHIGE, KONTROLLIERTE UND GEOMETRISCHE ATMOSPHÄRE.

IN DIESEM RAUM ERSETZT STRUKTUR DIE FARBE ALS STILMITTEL. EINE GROSSE CHINESISCHE BILDTAFEL UND EIN JUTETEPPICH ZITIEREN DIE GROBE WEBART AUFGEROLLTER CHINESISCHER MATTEN AUS XINGIANG UND DIE INSCHRIFTEN DER SULEIMAN MOSCHEE IN ISTANBUL (UNTEN). DIE MONOCHROME KALLIGRAPHIE DOMINIERT DIE SZENERIE, WÄHREND DIE UNERGRÜNDLICHEN, BRONZENEN GESICHTSZÜGE EINES LEBENSGROSSEN BUDDHAS DAS ZIMMER BEHERRSCHEN.

sammentreffen der beiden Kulturen entstand ein »goldener Mittelweg«. Doch hat die Begegnung von West und Ost bereits lange Tradition. Indiens Architektur wurde im Laufe der Jahrhunderte von Chinesen und anderen asiatischen Völkern, aber eben auch Portugiesen und Spaniern geprägt. Im 18. Jahrhundert kamen Chinoiserien in Frankreich und Großbritannien in Mode. Städte wie Venedig und Istanbul, die zur Begegnungsstätte verschiedener Kulturen wurden, weisen orientalische ebenso wie abendländische Einflüsse auf. Herrliche Kelims und Teppiche, Keramiken und Kalligraphien, Stickereien und Glaswaren zeugen sämtlich von der langen Tradition kulturellen Austauschs.

Zum Stil dieser Begegnung gehört jedoch weit mehr, als einfach Gegenstände aus aller Welt zu kaufen und sie zu Hause anzusammeln. Design im Zusammenspiel von Form und Farbe findet man in jeder Kultur – nicht nur in Architektur und Inneneinrichtung, sondern auch in der Anordnung von Straßen, in der Alltagskleidung von Menschen, ihrem Geschirr, sogar in der Art, wie Frauen auf den Märkten ihre Waren zum Verkauf darbieten. Ein paar Blumen vom Stand an der nächsten Ecke können zu ungewöhnlicher Farbgestaltung, die Steinfliesen einer uralten Kirche zu einem schlichten, aber wirkungsvollen Bodenmuster inspirieren. Die Marmorintarsien eines *Hamams* (Dampfraums) oder das polierte Gold eines burmesischen Tempels können Anregungen für die Gestaltung eines abendländischen Wohnraums liefern.

Die asiatische Liebe zu geordneter Symmetrie ist ein typisches Merkmal, das sich überall wiederfindet: bei den Leistengittern, Fensterläden und Fensterblenden aus Spitzenjalis (durchbohrten Holzblenden) in Indien ebenso wie bei den wohlgeordneten Höfen orientalischer Häuser und Paläste. In Japan bilden die Einfassungen der *Tatami*-Matten, die Deckenbalken aus Wacholderholz und die *Shoji*-Schiebewände aus Reispapier schwarze, sich überkreuzende Linien und rechte Winkel – ein Rastersystem, das die Inneneinrichtung optisch ordnet. Innerhalb dieses Rasters lassen sich alle privaten Schätze zu wirkungsvollen Arrangements zusammenstellen, Möbel und selbst ganze Dekorationen unterbringen. Das abendländische Bedürfnis, alles ständig zur Schau zu stellen, findet hier eine natürliche Grenze. Das Rastersystem gibt zu Beginn der Raumgestaltung einen Rahmen vor, und läßt bei Veränderung völlig neue Räume entstehen.

Um eine bestimmte Atmosphäre zu schaffen, spielen Muster in Verbindung mit Farbe und Struktur eine wichtige Rolle. Selbst die einfachsten Gegenstände und Muster besitzen Form und Struktur. Eine Ansammlung faszinierender Artefakte – von Fundstücken aus

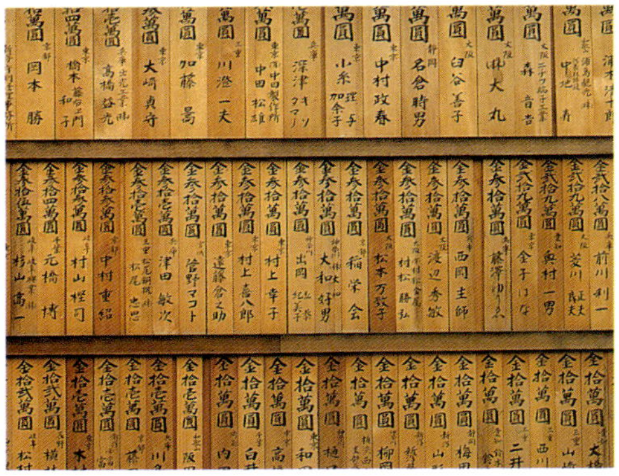

EIN KLEINES WOHNZIMMER SCHLIESST SICH FARBLICH IN EINER SKALA AUS TERRAKOTTA, CREME UND SCHWARZ. DIE INSPIRATION DIESER FARBGEBUNG STAMMT AUS EINER GANZEN REIHE KULTURELLER EINFLÜSSE – AM EHESTEN ERINNERE ICH MICH AN DIE ÖLBEHÄLTER UND BUCHRÜCKEN IN DEN REGALEN EINES JAPANISCHEN GESCHÄFTS.

orientalischen Bazaren bis zu europäischen Antiquitäten – gewinnt den Charakter einer Sammlung, wenn die Stücke Gemeinsamkeiten in Farbe, Struktur, Form oder Muster aufweisen. Luxuriöse Stoffe und schlichte honiggelbe Kokosfaser, blauweißer Chintz mit japanischem oder chinesischem Porzellan oder lose gewebtes Leinen und Futterstoffe können ein harmonisches Gesamtbild ergeben, sodaß Ordnung und Gelassenheit nicht darunter leiden.

Eines der wichtigsten dekorativen Elemente asiatischer Muster ist die Kalligraphie. In wörtlicher Übertragung heißt das »schönes Schreiben«, doch ihre Bedeutung geht weit über die von Schrift als Textübermittlung hinaus. Kalligraphie ist eine Kunst für sich, bei der Schönheit, Stil und Komposition genauso wichtig sind wie in der Malerei. Feines Papier, Pergament und Seide werden kunstvoll mit Stift, Pinsel und Tinte beschriftet. Die Werkzeuge des Kalligraphen waren Statussymbole, die als Sinnbilder des Intellekts großes Prestige genossen. In westlichen wie islamischen Gesellschaften war Kalligraphie im Grunde ein Handwerk – ausgeübt im Dienste Gottes, des Staates oder des Adels; nur im Fernen Osten war und ist Kalligraphie eine eigenständige Kunst – vielleicht wirken die chinesischen und japanischen Schriftrollen deshalb so dekorativ und elegant.

So wie damals die Handelswege neuen Einflüssen und Kulturen Tür und Tor öffneten, öffnet uns das Reisen die Augen und ist unerschöpflicher Quell neuer Inspirationen. Reisen kann zu Gedanken darüber anregen, warum und wo man bestimmte Gegenstände benutzt, welche Funktion oder welchen ästhetischen Wert, welche gefühlsmäßige oder praktische Bedeutung sie haben. Beispielsweise der Umgang mit Materialien: Die Italiener mit ihrer altbekannten Liebe zum Design sind besonders kreativ, wenn sie teure oder barocke Möbelstücke lässig in originelle Stücke verwandeln – wenn sie beispielsweise einen über und über vergoldeten Stuhl aus einem Palazzo mit naturfarbenem Nessel beziehen. Durch den ungewöhnlichen Kontrast paßt solch ein Möbel ebensogut in traditionelle wie in moderne Interieurs. Ideen findet man oft dort, wo man sie am wenigsten erwartet. Der verwitterte Wandputz in Venedigs Straßen kann dazu inspirieren, in einer nüchternen Stadtwohnung Wände farbig zu lasieren. Drei indische Frauen in Saris, auf einer staubigen Straße unterwegs zum Gebet, können dazu anregen, schlichte Seide auf einer matt pergamentfarbenen Wand zu arrangieren. Das Gold burmesischer Tempel inspiriert vielleicht zur Verwendung von Gold- oder Silbertönen bei der Gestaltung von Wänden und Fensterrahmen.

EIN EINGANG IN SIDI-BOU-SAID (TUNESIEN) SOWIE DIE GESTREIFTEN PFOSTEN EINER ANLEGESTELLE IN EINEM VENEZIANISCHEN KANAL ZEUGEN BEIDE VOM UNIVERSELLEN REIZ VON STREIFEN DURCH IHRE VERBINDUNG AUS FRISCHE UND ELEGANZ. DIE KÜHNEN BLAUWEISSEN BETTPFOSTEN DES HIMMELBETTS NEHMEN DIE GESCHMÜCKTEN POLLER VENEDIGS AUF UND FÜHREN SIE WEITER. DAS KLEINE SCHLAFZIMMER VERTRÄGT EIGENTLICH KEIN KONVENTIONELLES HIMMELBETT MIT SEINEN VIER BETTPFOSTEN UND ÜPPIGEN STOFFBAHNEN. HIER WURDE DER RAUM DADURCH OPTISCH ERHÖHT, DASS DER BLICK NACH OBEN, AUF DEN GESTREIFTEN BALDACHIN GELENKT WURDE, DER AUS EINER STOFFBAHN BESTEHT. DAS BETT WIRD ZUM ZENTRALEN ELEMENT IN EINEM ANSONSTEN NEUTRALEN RAUM.

Andere Accessoires lassen sich direkt aus verschiedenen Kulturen entleihen, geben aber in neuer Umgebung einem ansonsten vielleicht langweiligen Raum ein gänzlich anderes Gepräge. Baldachinbetten und Böden mit Marmorintarsien wie aus dem osmanischen Reich schaffen besonders viel Atmosphäre. Das gleiche gilt für Sofas – in den zentralen Empfangsräumen der *Yalis* (Paläste) Istanbuls waren ein oder zwei riesige Diwane an den Wänden praktisch die einzigen Möbel im Raum. Bestückt mit zahllosen Kissen und Rollen ist ein solches Möbel nicht nur funktional, sondern bildet mit kühnen Stoffkombinationen auch den Blickfang eines Zimmers. Kissen, nach Größe geordnet und übereinandergestapelt, strahlen ebenfalls asiatische Präzision aus und kommen gleichzeitig westlicher Lebensart entgegen. Sind Räume grundsätzlich ruhig gestaltet, ohne lebhafte Muster in Vorhängen und Möbelstoffen, lassen sie sich mit neuen Details rasch verändern – durch Stoffbänder oder -schärpen über Kissen und Sofas, durch ungewöhnliche Kombinationen von Strukturen oder breite orientalische Bordüren. Nichts ist zu gewöhnlich, und selbst der alltäglichste Gegenstand kann in einer neuen Umgebung anders wirken. Man muß ihn nur einmal mit anderen Augen betrachten. Viele Accessoires helfen, einen Raum ansprechend zu gestalten, und bieten erfrischende Alternativen zu herkömmlichen Einrichtungsideen.

DIE VERZIERTEN UND GERAFFTEN KATTUNBALDACHINE, WELCHE DIE BÖGEN DES MARKUSPLATZES SCHMÜCKEN, WERDEN HIER IN EINEM VIKTORIANISCHEN TREPPENHAUS WIEDER AUFGENOMMEN UND VERLEIHEN DEM UNGÜNSTIG GELEGENEN FENSTER EINE EXOTISCHE NOTE.

Eine Zeitreise in die Vergangenheit ist ebenfalls eine ausgezeichnete Inspirationsquelle; auch hier findet sich eine berührende Mischung aus Opulenz und Kargheit. Wie in Indien war auch an westlichen Fürstenhöfen das Mobiliar auf ein Minimum beschränkt: Stühle nur für König oder Adel, lange Tische und Bänke zum Essen und sonst fast nichts – außer üppigen Betten, die sich mit schönen Vorhängen schmückten. Um die eiskalten Räume im Winter warm zu halten und gleichzeitig zu schmücken, hängte man Wandteppiche auf. Dichte Bettvorhänge und dicker, langfloriger Samt waren Zeichen von Reichtum, aber auch wegen der Kälte nötig. Der makellose Faltenwurf alter Baldachine – wie hingeworfen, nicht ganz perfekt und dennoch majestätisch – regt zu Bettentwürfen an, mittelalterliche Turnierflaggen lassen sich in moderne Entwürfe umsetzen: Tiefblauer Samt, durch aufgenähte Stoffstreifen in große Quadrate unterteilt, wirkt schon durch die Fülle an Stoff.

Der Blick für Details ist auf Reisen besonders wichtig, da die einfachsten Dinge zur Inspiration für etwas ganz anderes werden können. Eine Natursteinmauer regt nicht nur den Tastsinn, sondern auch die Augen an. Die gestreiften Poller entlang der venezianischen Kanäle inspirieren dazu, Bänder um die Pfosten eines Himmelbetts zu winden. Filme und Bücher gehören genauso zum kulturellen Erbe eines Landes und nehmen ebenfalls auf eine Reise mit, welche die Phantasie anregt, Bilder der Vergangenheit beschwört oder an entfernte Orte führt. Die Bilderwelt einer Kultur wird in Büchern und Bildern festgehalten; darin finden sich immer auch reichhaltige Informationen über die Vergangenheit, Rituale, Einrichtungen, Kleidung, Nahrung und Stoffe. All diese Dinge helfen, und selbst Bauerntrachten und alte Kostüme können zur Inspiration einer Einrichtung werden – die *Obi*-Schärpe eines Kimonos kann dazu führen, einen reichbestickten Stoffstreifen als Blickfang um einen Stuhl oder ein Kissen zu winden.

Selbst Alltagsgegenstände oder kleine Schmuckstücke können Ideen erzeugen, die in völlig anderem Zusammenhang umgesetzt werden. Bänder, um japanische Vorratsschachteln drapiert, können mit ihren dicken Stoffknoten dazu anregen, Vorhänge ganz anders zu raffen. Solche Details verleihen auch einfachen Vorhängen einen asiatischen Touch. Die riesigen Vorratsgefäße vietnamesischer Märkte werden zu Beistelltischen, deren Form sich in kleineren Gefäßen im ganzen Raum wiederholt. Auch die Natur bietet selbstverständlich Inspirationen. Ein Spaziergang am Meer oder im herbstlichen Wald, die flirrende Hitze eines Hochsommertags mit seinen ausgeblichenen Blau- und Grautönen, die Farben eines am Strand verfallenden Fischerboots, durch jahrelange Einwirkung von Wind und Sonne verwittert – all das kann Ein-

JAPANISCHES GITTERWERK IN UNTERSCHIEDLICHEN VARIATIONEN: LATTENROSTE WERDEN DIREKT ÜBERNOMMEN UND IN NEUEM RAHMEN EINGESETZT (OBEN UND MITTE), ODER DIE GRUNDIDEE EINER OFFENEN BLICKSPERRE WIRD ALS VARIANTE MIT GOLDGESPRITZTEM MASCHENDRAHT WEITERGEFÜHRT.

DIE GESTALTUNG DIESER KENIANISCHEN TÜR (OBEN) ARABISCHEN URSPRUNGS ZEIGT, WIE DEKORATIVE EINFLÜSSE SICH DURCH DIE JAHRHUNDERTE ÜBER DIE KONTINENTE VERBREITET HABEN. ANKLÄNGE AN DIE GESCHNITZTE BLUMENUMRANDUNG FINDEN SICH AUCH IM PRUNKVOLLEN RAHMEN DES VERZIERTEN SPIEGELS, DER HIER ZUM ZENTRUM EINER STILLEBEN-KOMPOSITION WURDE. AUCH WENN SPIEGEL UND LEUCHTER »BAROCK« WIRKEN, IST DIE KOMPOSITION ALS GANZES DOCH VERHALTEN. DIE FARBPALETTE IST AUF WENIGE FARBEN BESCHRÄNKT UND ERLAUBT DEM BETRACHTER, SICH AUF DIE SCHNITZEREIEN ZU KONZENTRIEREN. DARÜBER HINAUS VERSTÄRKT DIE SYMMETRISCHE ZUSAMMENSTELLUNG DER LEUCHTER IM VORDERGRUND DAS GEFÜHL VON AUSGEWOGENHEIT UND HARMONIE IM RAUM.

richtungsideen inspirieren. Mit großen, glatten Kieseln oder Treibholzstücken vom Strand lassen sich Zimmerspringbrunnen oder Badewannen dekorieren.

Sogar die Art und Weise, wie in manchen Ländern Speisen arrangiert werden, kann dem Designer zur Anregung werden. In den sorgfältig dekorierten, stilisierten japanischen Gerichten liegt ein ausgewogenes Gleichgewicht von Form und Farbe, die Komposition von Garnituren und Gewürzen dient ebenso der Augen- wie der Gaumenfreude. Wer sich mit dekorativen Arrangements beschäftigt, kann aus diesen kleinen kulinarischen Kunstwerken viel lernen.

Um Raumgefühl zu verändern, sind verschiedenste Stilmittel zu Diensten. Abendländische Vorstellungen, wie Bilder oder Spiegel aufzuhängen oder Gegenstände zu präsentieren seien, lassen sich ohne weiteres auf den Kopf stellen. Wer mit Phantasie einrichtet, schafft statt des Alltäglichen etwas Unkonventionelles: Bilder zum Beispiel werden bei uns oft um den Raummittelpunkt herum oder in einer Reihe gehängt. Asiatische Art gebietet eher, Bilder in Gruppen zu arrangieren, so daß sie an der Wand ein eigenes Muster bilden. Moderne oder alte Bilder wirken oft durch neue Präsentation frischer.

Wie man sich zu Hause einrichtet und wie sich die Einrichtung auf das ganze Leben auswirkt, ist im Fernen Osten nicht nur eine Frage der Dekoration, sondern der Philo-

DIE GLITZERNDEN DÄCHER BURMESISCHER TEMPEL SIND QUELLE VIELER INSPIRATIONEN. DER METALLISCHE GLANZ VON TÜR UND BETTPFOSTEN NIMMT IN DIESEM RAUM DIESEN EFFEKT AUF. ÄHNLICH WIRKT DAS JAPANISCHE FARBPRINZIP, EINEN HERVORSTECHENDEN EDELSTEINTON (HIER DAS PURPURNE SOFA) VOR EINEM ANSONSTEN NEUTRALEN HINTERGRUND ZU VERWENDEN. DER HANG ZUR GEOMETRISCHEN PRÄZISION, DER HIER IN DEN BREITEN BORDÜREN DES BETTÜBERWURFS ZUM AUSDRUCK KOMMT, SOWIE DIE ANORDNUNG DER GEGENSTÄNDE VERBINDET ORIENT UND OKZIDENT.

sophie. Die Prinzipien von Ordnung, Klarheit und Schönheit sind in jeder asiatischen Behausung sichtbar: Gegenstände werden nicht willkürlich und um ihrer selbst willen aufgestellt, sondern haben ihren festgelegten Platz im Gesamtbild. Zurückhaltung und Genauigkeit sind Charakteristika asiatischer Einrichtung, die man im Westen vergebens sucht – hier ist es vielmehr typisch, seinen gesamten Besitz zur Schau zu stellen. In asiatischen Ländern bestimmen Jahreszeiten und religiöse Feste die Arrangements von Gegenständen, Bildern und Schriftrollen. Durch Bade- und Teezeremonien erhalten auch alltägliche Dinge größere Bedeutung, und sogar bescheidene, aber sorgfältig gearbeitete Stücke erfreuen sich großer Wertschätzung.

Die Liebe zum Kunsthandwerk und zur Ordnung ist ein wesentlicher Schlüssel zum west-östlichen Stil-Dialog. Dieser setzt sich jedoch aus vielen Einzelheiten zusammen, nicht zuletzt aus dem Zusammenspiel von Farben, Formen und Materialien. Diese Bereiche und ihre Wechselwirkungen sind beim Arrangement von Objekten oder gar eines ganzen Raumes zu beachten: Die Wiederholung von Formen oder Farben, beispielsweise durch aufgereihte Gefäße oder Schachteln, gliedert einen Raum harmonisch und gleicht ihn aus. Die Philosophie unseres Stil-Dialoges ist, das Beste aus Raum und Licht, aus Linie und Struktur und aus subtiler Farbgebung zu machen. Darüber hinaus integrieren derartig gestaltete Räume äußerst flexibel Exotisches und Alltägliches – vor allem aber sind sie offen für ganz individuelle Interpretationen.

FARBE UND KONTRAST

NATÜRLICHE FARBTÖNE WIE CREME, ERDE UND STEIN ERLEICHTERN ES DEM BETRACHTER, SICH AN ARCHITEKTONISCHEN DETAILS WIE UMRANDUNGEN ZU ERFREUEN. DIESER EFFEKT WIRD BESONDERS DEUTLICH AN DIESEM OCKERFARBENEN TORBOGEN IN OMAN (UNTEN).

Menschen nehmen Farben sowohl gefühlsmäßig wie auch geistig wahr. Farben im Wohnbereich verbinden Gefühl und Logik und spielen daher eine besonders wichtige Rolle, wenn es gilt, Atmosphäre zu schaffen. Jede Farbe erzeugt bestimmte Assoziationen und hat bisweilen auch symbolische Bedeutung. Weiß ist zum Beispiel in Persien, China und Indien die Farbe der Trauer, weckt aber auch Konnotationen von Frieden, Reinheit und Schlichtheit. Außerdem interagiert Weiß sehr sensibel mit Licht und erzeugt immer einen Eindruck von Klarheit, der seine symbolischen Aspekte unterstreicht. Andere Farben wecken andere Assoziationen: Grün steht für Natur, Rot für Leben oder Freude, Blau und Gelb (Gold) sind von jeher königliche Farben. Die erstaunlich zurückhaltende Gestaltung japanischer Interieurs zeigt, wie wirkungsvoll der sparsame Einsatz

DAS MOTIV DER SPITZBÖGEN WIRD IN DEN GLASTÜREN EINES KÜCHENSCHRANKS WIEDER AUFGENOMMEN (LINKS). IN DEM SCHLAFZIMMER (RECHTE SEITE) ERWECKEN ZWEI GESCHNITZTE SÄULEN UND EIN CREMEFARBENER VORHANG ALS RAUMTEILER DEN LUXURIÖSEN EINDRUCK EINES HIMMELBETTS OHNE DIE SCHWERE, DIE EIN SO IMPOSANTES MÖBELSTÜCK SONST OFT AUSSTRAHLT.

von Farbe sein kann. Eine in Weiß und anderen Naturtönen gehaltene Einrichtung schafft eine Atmosphäre von Frieden und Klarheit, in der Strukturen, Muster und Formen Akzente setzen. Solcher Umgang mit neutralen Farben spricht immer mehr Menschen an, die sich von Streß und ständiger Anforderung unseres Alltags in einer ruhigen und entspannten häuslichen Umgebung erholen wollen.

Gestaltet man in einem Farbspektrum von Weiß und Creme über alle natürlichen Farbnuancen von Holz, Ton, Erde bis zu Stein, bieten sich unzählige Schattierungen, Töne und Strukturen an. Ein Hintergrund in Naturfarben muß jedoch fast noch nuancierter zusammengestellt werden als ein starkfarbiger. So gibt es alleine über hundert verschiedene Weißtöne, weshalb man ein sicheres Gefühl für Farbwirkungen benötigt, wenn die Palette sich auf natürliche, neutrale Farben beschränkt.

Genau genommen sind nur Schwarz, Weiß und Grau wirklich neutrale Farben. Im Vokabular des Innenarchitekten zählen jedoch mittlerweile alle Creme-, Beige- und Brauntöne mit ihrem ganzen Farbspektrum von Stein, Kalk, Vanille, Hafer, Sand und Pergament bis hin zu Taupe, Bernstein, Holz, Erde, Ocker, Terrakotta, Rost oder Schokolade zu den neutralen Farben. Dabei kann jede Farbe einen bestimmten Raum genau akzentuieren, in anderer Umgebung aber verschwommen und stumpf wirken. Alle Farben lassen sich in eine Temperaturskala einordnen, wobei Rot, Gelb und Orange im warmen Bereich liegen, Grün und Blau im kalten. In allen Schattierungen von Creme,

DER EINSATZ VON SCHWARZ ZUR UMRANDUNG UND ABGRENZUNG IST JAPANISCHEN INTERIEURS ENTLEHNT. IN DIESER KÜCHE DOMINIEREN SCHWARZER LACK UND AHORNFURNIER. SOGAR DIE BELEUCHTUNG PASST SICH DER STRENGEN GEOMETRIE DES GANZEN AN. CLEVER VERSTECKTE DECKENSTRAHLER IN DEN ECKEN DER KREUZFÖRMIGEN DECKE ERZEUGEN DIE OPTISCHE TÄUSCHUNG EINES OBERLICHTS.

BLAU UND GELB SIND KOMPLEMENTÄRFARBEN. DAS JAPANISCHE SCHLAFZIMMER SOWIE DER SEIDENE WANDBEHANG DEMONSTRIEREN ALSO DEN FARBLICH EFFEKTVOLLSTEN GEGENSATZ. BEIDER GRUNDTON IST DUNKELBLAU, WÄHREND DER LAMPENSCHIRM UND DAS KLEINE GOLDENE VIERECK IM WANDBEHANG AUF DEN MOND IM MITTERNACHTSHIMMEL ANSPIELEN. EINE GLASVASE IN ÄHNLICHEM BLAU STEHT VOR DEM WANDBEHANG UND LÄSST DIE GRÜNEN BLÄTTER NOCH LEBENDIGER ERSCHEINEN. EINER ABSTRAKTEN SKULPTUR ÄHNLICH, SCHWEBEN SIE BEINAHE IN DER LUFT.

Beige oder Braun sind aber auch diese Töne enthalten – so gibt es Beige mit einem Stich ins Pink oder Grau mit bläulicher Schattierung.

Disziplin im Umgang mit Farbe ist das A und O eines klaren Stils, und kann bedeuten, sich in einem Raum auf drei oder vier verschiedene Farben zu beschränken, die oft auch noch nah beieinander liegen. Sie können sogar wie Weiß und warmes Creme oder Beige und Terrakotta in der Farbskala direkt nebeneinander zu finden sein. Jede Farbe setzt die andere fast logisch fort, oft nur in Nuancen. Mittelpunktsfarben wie etwa Gold oder Mandarinrot lassen sich zur Betonung von Gestalt und Form einsetzen.

Eine neutrale Farbe, die in unserer Einrichtung so gut wie gar nicht vorkommt, ist Schwarz. Es gilt als Nicht-Farbe und dient oft nur dazu, andere Farben hervorzuheben, ihnen Kontur und Gestalt zu verleihen, nicht als eigenständige Farbe. In asiatischen Ländern, vor allem China und Japan, benutzt man Schwarz hingegen seit Jahrhunderten gerne und häufig. Als eigenständige oder Kontrastfarbe wirkt Schwarz sehr lebendig und intensiv. In Verbindung mit natürlichen Materialien erzeugt Schwarz dramatische Kontraste. Dekorative Wirkungen von Naturfarben lassen sich besonders in Ländern wie Japan studieren, wo Möbel nur selten farbig sind. Der Kontrast von schwarzem

Lack mit hell gemasertem Buchenholz ist überraschend angenehm für die Augen, ähnlich wie der von schwarzen Rahmen auf reinweißem Reispapier oder der von gewebten Matten auf polierten Zedernholzböden.

Der größte graphische Kontrast aller Einrichtung liegt zweifellos zwischen Schwarz und Weiß. Doch auch Indigo zeigt seinen Wert in vielen Farbkombinationen in so unterschiedlichen Ländern wie Indien, Persien, China und Japan. Daß Indigo so häufig benutzt wurde, lag sicher auch daran, daß er dort billig und leicht zu beschaffen war. Den Indigo-Baum konnte man vor der Haustür anbauen, der Färber im Dorf wußte damit zu arbeiten; außerdem ist Indigo der einzige Naturfarbstoff, der sich ohne kompliziertes Fixieren zum Stoffdruck verwenden läßt und dabei noch relativ wasch- und lichtecht ist, und so wurde es zur meistverwandten Farbe für Kleidung und Textilien. Aus den Farben Weiß und Blau schufen Handwerker und Künstler über die Jahrhunderte eine Unzahl von Schattierungen und Tönen, welche in unglaublich phantasievollen Variationen alle Bereiche unseres Lebens schmücken.

In Japan werden Blau und Weiß auch heute noch kombiniert, obwohl es sich eigentlich um eine eher chinesische Farbkombination handelt. Weiß-blaues Porzellan aus China findet sich überall auf der ganzen Welt, und erzeugte im abendländischen Kontext dann jedoch ganz andere Konsequenzen – es wurde zum Vorbild für jenes Geschirr mit Weidenmuster, das wir heute so typisch englisch finden. Mitternachtsblauer Samt in üppigen Bahnen läßt uns eher an mittelalterliche Höfe denken als an asiatische Kaiserpaläste, und Weiß und Blau sind auch die typischen Farben der Delfter Fliesen.

Indigo ist in Indien die Farbe Krishnas und wird schon deshalb häufig angewandt. Darüber hinaus prägt die Vorliebe der Inder für leuchtende Farben ihre Kultur – kein Wunder bei über dreihundert Pflanzen, aus denen Farbstoffe gewonnen werden können. Doch trotz aller Unterschiede zur zurückhaltenderen Farbpalette beispielsweise Japans ist die Farbigkeit bei allem Überfluß klar gegliedert – große Flächen sind einfarbig gehalten, ohne komplizierte Muster, die nur beunruhigen würden. Die Möblierung ist, verglichen mit dem Westen, eher karg; dafür liegt die Betonung mehr auf Farbe und ihrer Wirkung.

Wenig abgelenkt durch Möbel und andere Accessoires und vor schlicht gehaltenen Hintergründen, leben die Inder ihre Liebe zu leuchtenden Farben in herrlichen Bettvorhängen und Überwürfen aus, in den lebhaften Pink- und Rottönen der Saris wie auch den irisierenden Violett-, Pink- und Blautönen der Hausfassaden. Die wichtige Rolle, die Farbe in der indischen

SAFRANGELB, LIMONENGRÜN UND SCHILLERNDES PINK SIND DIE FARBEN INDIENS – SO DYNAMISCH WIE LEIDENSCHAFTLICH. AM BESTEN KOMMEN SIE VOR EINEM NEUTRALEN HINTERGRUND ZUR GELTUNG. BLÜTENBLÄTTER WERDEN AUF INDISCHEN MÄRKTEN TATSÄCHLICH VERKAUFT. HIER VERBINDEN SICH DIESE FARBEN UND KONTRASTE MIT ZWEI ANTIKEN STÜHLEN NEBEN EINER EDLEN HOLZKOMMODE VOR CREMEFARBENEN WÄNDEN ZU EINEM EINRICHTUNGSKONZEPT.

RIESIGE BAHNEN PINK- UND GELBBEDRUCKTER BAUMWOLLE LEGEN SICH BEIM TROCKNEN IN DIESER TEXTILFABRIK IN RADSCHASTAN IN NATÜRLICHE FALTEN. IHRE BRILLANTEN FARBEN ERZEUGEN EINDRUCKSVOLLE EFFEKTE IN ANSONSTEN NEUTRALEN ARRANGEMENTS..

Gesellschaft spielt, läßt sich auch an der Zuordnung der Farben zu verschiedenen Kasten ablesen. Jede Kaste hat ihre eigene Farbe: Weiß ist die Farbe der Priester, Rot die der Krieger, Braun tragen die Händler, Safrangelb die Heiligen, und Schwarz ist die Farbe der niedrigen Arbeiter. Auch viele religiöse Feste sind Feiern der Farbenfreude. Zum Beispiel werden für *Diwali* (ein Fest zu Ehren von *Lakshmi*, der Göttin des Reichtums und Wohlstands) die Häuser

weiß gestrichen, und beim *Holi*-Fest (der Feier des Frühlings) sind alle durchnäßt von farbigem Wasser.

Diese Liebe zu Farben läßt sich auch in unserem Stilempfinden leben, vorausgesetzt, man hält die unterschiedlichen Elemente schlicht und gliedert sie klar. Kräftigere Farben können auf schlichtem Hintergrund Akzente setzen oder einen Blickfang innerhalb zurückhaltender Farbkombinationen bilden. Helle leuchtende Farben gehören gleichfalls in

DIE AUSWAHL UNTERSCHIEDLICHER QUALITÄTEN BEI EXOTISCHEN, HANDGEMACHTEN STOFFEN IST SCHIER UNERSCHÖPFLICH. DIE VERWENDUNG DICHTER SEIDEN-, SAMT- UND BROKATSTOFFE IN VERBINDUNG MIT TRODDELN UND KNÖPFEN SCHAFFT WARME ATMOSPHÄRE.

diesen Empfindungsrahmen. Eine typische Kontrastfarbe des Fernen Ostens ist Lackrot; es wird, ähnlich wie Schwarz, oft als Blickfang in einer größeren, streng abgestimmten Farbkombination eingesetzt und bringt einen Hauch von Wärme und Luxus in die Wohnung. Rot war immer eine teure, luxuriöse Farbe, da es aus Pflanzenfarbstoffen schwer herzustellen ist. Außerdem ist es eine kräftige, auffallende Farbe, die als krönender Akzent sofort die Aufmerksamkeit auf sich zieht – ein paar rote Beeren auf einem Rollbild oder in der ziselierten Verzierung eines Lackschränkchens springen sofort ins Auge. Schon ein oder zwei kleine rote Accessoires oder Möbelstücke machen einen Raum wärmer – etwa ein Stapel dunkelroter Lackschalen oder ein Lacktablett, eine Truhe oder Kiste, die man als Tisch benutzen kann. Solche kleinen Farbtupfer, die einen Raum sofort lebendig wirken lassen, findet man überall in asiatischen Häusern.

KRÄFTIGE FARBEN EIGNEN SICH FÜR KLEINE RÄUME. DAS LIMONENGRÜN RUFT DIE FRISCHEN FARBEN EINES ASIATISCHEN MARKTS IN ERINNERUNG. ES WIRD NUR EIN FARBTON VERWANDT, DEM STOFF-STRUKTUR UND FARBEFFEKTE TIEFE VERLEIHEN, WÄHREND DIE EINFACHEN MÖBEL PLATZ SPAREN UND VIELSEITIG VERWENDBAR SIND: IN DIESEM ARBEITSRAUM KANN DAS SOFA IN EIN BETT FÜR GÄSTE VERWANDELT WERDEN, DIE TRUHE DIENT GLEICHZEITIG ALS STAURAUM UND ABSTELLFLÄCHE.

MAN HÖRT OFT, DASS ROT ZU KRÄFTIG SEI, UM GROSS-FLÄCHIG VERWANDT ZU WERDEN, DOCH DIE TATSÄCHLICHE STÄRKE DER FARBE IST IN KLEINEN MENGEN VON VORTEIL UND VERBREITET EINEN HAUCH VON EXTRAVAGANZ. DAS ROTE DAMASTSOFA WIRKT WARM UND EINLADEND STATT GLATT UND EINSCHÜCHTERND, WOBEI DAS ROT DES SOFAS UND DER VORHÄNGE SICH MIT DEM ZEBRAMUSTER ZU EINEM EINDRUCKSVOLLEN GANZEN VERBINDEN.

Unser Einrichtungsstil beschränkt sich jedoch nicht auf die simple Verwendung fernöstlicher Farbkombinationen in westlichem Ambiente. Genausogut lassen sich westliche Farben in asiatische Rahmen setzen, um auch so verschiedene kulturelle Einflüsse zu einem harmonischen Ganzen zu verbinden. Selbst eine typisch westliche Farbe wie Blattgrün läßt sich auf asiatische Art großflächig verstreichen oder als Hauptkontrast in neutraler Farbumgebung einsetzen, die vielleicht Schwarz oder Weiß enthält. Kokosmatten und naturfarbene Stoffwände bilden einen idealen Hintergrund, um ruhige Rahmen für Strukturen und Formen abzugeben. Andere Farben des Orients wie z.B. Blaßgrün hellen Farbkombinationen auf, reiches Gold und funkelndes Silber setzen Glanzlichter, klassische Töne wie Rot oder Schwarz verleihen dem Raum orientalische Akzente.

In den letzten Jahren wuchs auch bei uns das Interesse an farbigen Oberflächen bzw. der Art, wie sie den umgebenden Raum beeinflussen, auch im Zusammenhang mit strukturierten Oberflächen. Auch im Abendland gab es schon immer texturierte, in sich farblich changierende Flächen: Von Eichentäfelungen herrschaftlicher Gebäude bis zu Marmorverkleidungen italienischer Palazzi und Wohnhäuser oder den Lehmmauern einfacher Bauernhäuser gibt es Beipiele zuhauf. Doch ist immer wieder darauf hinzuweisen, daß sogar ein einfacher Kalkanstrich eine haptisch wie optisch wesentlich schönere Fläche ergibt als übliche Wandanstriche mit Dispersionsfarbe und Rolle. Auch der Boden sollte möglichst pur, simpel und neutral sein: Offene, auf warme Töne polierte Schiffsplanken, Schilf- oder *Tatami*-Matten, Sisalteppiche oder vergleichbare Stoffe mit einem gelegentlichen Farbfleck durch z.B. einen türkischen Kelim oder einen zeitgenössischen Teppich bewirken ruhige, kontemplative Räume,

die sogar gelegentliche Extravaganzen vertragen. Solchermaßen neutrale Böden halten darüber hinaus alle Optionen offen, sodaß der Raum mit anderen Accessoires jederzeit zu verändern ist. Dunkle Bodenfarben ziehen die Wände optisch ein, machen den Raum also kleiner, hellere Bodenfarben bringen Größe und Licht in den Raum.

Farben durchdringen unser ganzes Leben. Die Farben, die wir für Kleidung und Einrichtung wählen, sagen sehr viel über uns selbst aus und prägen unseren Lebensstil. Farbe ist wesentlicher Bestandteil jeder Einrichtung und sollte mit großer Sorgfalt ausgewählt werden. Schließlich haben Farben großen Anteil an der Stimmung oder Atmosphäre eines Raums; sie verleihen ihm Ruhe oder Lebendigkeit, Kälte oder Wärme. Der Einrichtungsstil unserer Breiten räumt zu häufig Mustern Vorrang vor Farben ein; auf dem Hintergrund asiatischer Farbgestaltung schärft sich der kritischere Blick für Farben – nicht nur der Wände, sondern auch von Möbeln und Accessoires. Wer hier andere Gleichgewichte schafft, kann zu völlig neuen Einrichtungen finden.

EIN ROTER TURBAN VOR EINER VERWITTERTEN TÜR MAG NICHT MEHR SEIN ALS DIE MOMENTAUFNAHME EINES RUHIGEREN LEBENSSTILS, DOCH FLÜCHTIGE BILDER WIE DIESES BLEIBEN OFT IM GEDÄCHTNIS HAFTEN UND KÖNNEN MEHR ÜBER DIE VERWENDUNG VON FARBE VERRATEN ALS TROCKENE TEXTE ÜBER FARBTHEORIE. HIER SETZT SICH EINE SOLCHE ERINNERUNG MITTELS EINES EINZIGEN RUBINROTEN KISSENS, DAS IN DEM LUFTIGEN SCHLAFZIMMER ZU GLÜHEN SCHEINT, IN DEKORATIVE IDEEN UM. DIE BETTVORHÄNGE SIND AUS REINEM DAMAST, DAS BETTZEUG AUS FRISCHER WEISSER BAUMWOLLE. SIE BILDEN EINEN EINDRUCKSVOLLEN GEGENSATZ ZUR OPULENZ DES SAMTKISSENS. DIE MÖBEL SIND EIN WENIG BEMALT UND VERWISCHEN SO DIE FAST SCHON KLÖSTERLICHE STRENGE DIESES RAUMS.

STOFFE UND STRUKTUREN

In unserer Zeit einer quer durch alle Schichten gelebten Internationalität wird der Gedanke »nationalkultureller Identität« wieder etwas problematischer. So ist auch dieser Stil keine einseitige Bewegung, hat nicht das Ziel, Kulturen zu »überfremden«, sondern ist das Produkt weltweiten Reiseverkehrs und ständigen Kulturaustausches, der zu jedem Zeitpunkt via Satellit und Fernsehen Bilder von einem Kontinent zum anderen überträgt. Weltanschauungen und Geschmacksvorstellungen gelangen durch den Welthandel noch schneller in auch die entlegensten Winkel der Erde, als es sich frühere Generationen in ihren kühnsten Träumen ausmalen konnten.

Dennoch ist dieser Austausch im Grunde genommen nichts Neues. Ost und West sind schon seit Jahrhunderten durch uralte Handelswege miteinander verbunden und haben sich gegenseitig beeinflußt. Nur geht dieser Austausch heutzutage viel schneller vonstatten, und Designer – ob aus London, Paris oder New York, Tokio, Delhi oder Saigon – suchen nach Formen, die Vergangenheit und Zukunft miteinander verbinden können. Materialien, ob nun traditionell oder Resultat neuer Technologien, spielen dabei eine Schlüsselrolle; ein

DIE LUFTAUFNAHME EINES REISFELDES IN NEPAL ZEIGT UNS DIE MUSTER DER NATUR IN EINER ANSCHEINEND GLEICHFÖRMIGEN LANDSCHAFT. BEI DER ZUSAMMENSTELLUNG VERSCHIEDENER MATERIALIEN KANN MAN AUF SOLCHE BILDER ZURÜCKGREIFEN – CHENILLE UND DEVORÉSAMT LIEGEN DANN NEBEN EINFACHSTEM SACKLEINEN. IN CREWEL GEARBEITETE VORHÄNGE WERDEN DURCH DIE VERZIERUNG EINES GESCHNITZTEN TISCHES KOMPLETTIERT, WÄHREND EINE VASE MIT BLUMEN AN DIE BLUMENMUSTER INDISCHER CREWELARBEITEN ERINNERT.

indischer Stoff läßt sich beispielsweise ohne seine althergebrachten, leuchtenden Farben und Ornamente weben, wodurch das traditionelle Stück Handwerkskunst plötzlich neu und zeitgemäßt wirkt.

Muster wie auch der Verzicht auf sie spielen bei Stoffen, Strukturen und Oberflächen eine besonders große Rolle, vor allem angesichts der riesigen Auswahl an Polsterstoffen und Heimtextilien. Für »multikulturelle« Einrichtungen tragen Muster jedoch eine zu starke Festlegung in sich: Soll ein Raum nicht allzu genau definiert wirken, kann zum Beispiel ein Vorhang mit Rosenornamentik ihn ungewünscht in eine Richtung drängen. Dem Versuch, die Traditionen einer bestimmten Kultur aufzugreifen und sie innerhalb eines modernen Stils zu zitieren, stehen Muster oft im Wege, weil sie gewisse Klischeevorstellungen hervorrufen. Einige Muster sind allerdings zu Klassikern geworden und gehören mittlerweile zur internationalen Design-Sprache. In der Regel sind dies Muster, die vom Osten in den Westen gelangten und von dort wieder re-exportiert wurden. »Paisley« – ursprünglich ein indisches Druckmotiv, das auf der Form einer Mango basierte – fand von Indien seinen Weg in den schottischen Ort Paisley. Das Muster ist in englischen Landhäusern allgegen-

KLASSISCHE DESIGNS WIE DIE BLUMENMUSTER AUF DIESER CHINOISERIE-SEIDE (OBEN) SIND BESTANDTEIL UNSERES STILDIALOGES. WÄHREND ABER ANDERE EINRICHTUNGEN EIN MUSTER NEBEN DAS ANDERE STELLEN, LEGE ICH AUF ZURÜCKHALTUNG WERT UND BENUTZE – WIE ETWA BEI DIESER TISCHDECKE UND DEM PASSENDEN BEZUG DES STUHLES – SELTEN MEHR ALS EIN HERVORSTECHENDES MUSTER IN EINEM ZIMMER. AUCH FORMEN TRAGEN ZU DEM »MUSTER« EINES RAUMES BEI. KURVIGE FORMEN WERDEN DURCH DIE GERADE LINIE EINER LAMPE GEBROCHEN (MITTE), WÄHREND EIN TABLEAU AUS SCHACHTELN DURCH DIE RUNDEN LINIEN EINES SPIEGELRAHMENS UND EINES GROSSEN RUNDEN BALLS AUFGELOCKERT WIRD (GANZ LINKS).

wärtig und wird mittlerweile auch von amerikanischen Designern wie Ralph Lauren für Dekorationsstoffe benutzt.

Sogar so klare Motive wie Streifen sind wandelbar und lassen sich immer wieder neu komponieren. In streng monochromem Schwarz, Weiß und Braun findet man sie auf japanischen *Dojo*-Matten, in persischen Palästen bilden sie eine leuchtende Farborgie aus Rot, Pink und Gold; prunkvoll schmücken sie venezianische Pfeiler, wirken zurückhaltend im Marineblau und Burgunderrot eines napoleonischen Regency-Streifens oder frisch im rotweissen Baumwollstoff eines Strandhauses auf Long Island. Ebenso sind Karos Teil der internationalen Bildersprache: frech-fröhlich in englischen oder schwedischen Landhausstoffen, schwergewichtiger in schottischen Wollstoffen – oder als riesige Kreuzmuster aus Streifen und Bändern auf Samt. Stickereien, Tapisserien und Gobelins bringen Kunsthandwerk ins Haus, gedruckte Tiermotive oder Leder hingegen sind zwar anpassungsfähig, bringen aber eine starke eigene Charakteristik mit ins Spiel.

DIE PINK- UND SCHARLACHROT BESTICKTEN SCHUHE AUS INDIEN INSPIRIERTEN DIE FARBGEBUNG EINES WOHNZIMMERS, DIE AUF CHINESISCHEM ROT UND SCHWARZ BERUHT. FÜR KISSEN UND BEZUG WURDEN DAMAST- UND SAMTSTOFFE BENUTZT, WÄHREND DAS AUFFALLENDE MUSTER DES SOFAS AUS SEIDEN- UND SAMTSTREIFEN GEGEN DIE SCHIMMERNDEN HOLZKISTEN EINEN DRAMATISCHEN KONTRAST SETZT. DAS GESAMTE KONZEPT IST STRENG GEREGELT: DAMIT DER EFFEKT OPULENT, ABER NICHT SELTSAM WIRD, KOMMEN NUR ZWEI FARBEN (ROT UND SCHWARZ), ZWEI FORMEN (RUND UND VIERECKIG) UND ZWEI MUSTER (BLUMEN UND STREIFEN) ZUR GELTUNG – WELCHE BESCHRÄNKUNG ICH NICHT NUR FÜR ÜPPIGE STOFFE UND KRÄFTIGE FARBEN EMPFEHLEN MÖCHTE.

AM STRAND, AN EINEM BERGBACH, SOGAR AUF EINEM ALTEN FRIEDHOF LÄSST SICH VORZÜGLICH ERKUNDEN, WIE UNTERSCHIEDLICH DIE NATUR KONTRASTE UND GESTALTUNGSFORMEN EINSETZT. DIE GRÜN- UND SCHWARZTÖNE DER FLECHTE AUF EINEM STEIN GEBEN FARBKOMBINATIONEN VOR, DIE MAN IN SAMT UND SACKLEINEN NEU ENTSTEHEN LASSEN KANN. WANDEL UND ABNUTZUNG VERLEIHEN STEINEN UND HOLZ EINE TIEFE UND SCHÖNHEIT, DIE OBJEKTE AUS MENSCHENHAND NIEMALS ERLANGEN KÖNNEN – MAN DENKE AN TREIBHOLZ, DIE VERWITTERTEN ZIEGEL EINES ALTEN DACHS ODER DEN VERBLASSTEN SCHRIFTZUG EINES ALTEN LADENSCHILDS.

Andere Ornamente wie etwa die feinen Motive chinesischer Waren schaffen ebenfalls eine bestimmte Atmosphäre. Auf orientalischen Stoffen, Seidenteppichen und Brücken findet man häufig Tiermotive – Insekten und Vögel in graphisch stilisierter Form. Einige der dargestellten Tiere und Pflanzen haben symbolischen Charakter: Drachen beispielsweise werden mit dem Konfuzianismus in Verbindung gebracht, sind aber auch Symbol kaiserlicher Macht. Der Pfau symbolisiert in China Schönheit, in Indien aber das Königliche. Die Weide steht für Trauer, die Zypresse für Langlebigkeit oder Unsterblichkeit, während der Lotus auf hohe Abstammung hindeutet und Buddhisten in China und Indien heilig ist.

Ähnlich wie Ornamente wecken auch verschiedene Stile und Stoffqualitäten bestimmte Assoziationen: *Shantung*-Seide in ihrer feingewebten Eleganz unterstreicht die Exotik Chinas, die feine Handarbeit einer *Shashiko*-Jacke evoziert die Geheimnisse Japans, Wolle und Samt hingegen lassen an kältere europäische Klimazonen denken. Der Umgang mit Stoffen stellt für Designer immer eine kreative Herausforderung dar: Leinen, Samt, schottische Tartans, reine Seide, Webstoffe und Piquès lassen sich unkonventionell einsetzen. Aber auch weniger übliche Stoffe – Anzugstoffe, Futterstoffe, Polsterstoffe und sogar Teppichband – können Polstertruhen, viktorianische Sessel und Eßtische, Sofakissen oder Nackenrollen schmücken. Stoffe, seien es nun teure oder preiswerte, einmal anders einzusetzen, ist ein wichtiger Schritt hin zu einem neuen Stil.

Struktur hingegen ist bisweilen so unscheinbar, daß sie in einem Raum kaum auffällt. Sie verleiht jedoch Oberflächen Tiefe, indem sie Licht reflektiert oder absorbiert, und verhindert, daß sie »platt« wirken. Häufig erdrückt ein Muster den Stoff – erst das naturbelassene Gewebe zeigt seine Schönheit und die kleinen Unregelmäßigkeiten (»Webfehler«), die liebevoll handgemachte Gegenstände kennzeichnen. Wer zum ersten Mal einen japanischen Raum betritt, ist oft von der dekorativen Schlichtheit überwältigt, in der strukturelle Details erst richtig zur Geltung kommen: hochglanzpolierte hölzerne Dielen in Kontrast zum gewebten Stroh einer *Tatami*-Matte, die glänzende Oberfläche einer Lackschachtel im Kontrast zu den verwitterten Brettern eines Holztisches. Solche Kontraste sind berührend zart anzusehen und anzufassen – luxuriöser Stoff gegen schlichte Webware, Dunkel gegen Hell, Weich gegen Hart und Natur gegen Kunst.

Zu bestimmten Kulturen – besonders wenn sie sich wie der Buddhismus animistischen Philosophien verbunden fühlen – gehört große Ehrfurcht vor natürlichen Materialien, eine alles verbindende Harmonie zwischen dem Menschen, seiner Umwelt und seiner Lebensweise. In Japan entwickelte sich während der *Edo*-Periode die Wertschätzung des Natürlichen und Ländlichen, eine Vorliebe für die Schönheit roher, unbearbeiteter Materialien. Dieser grundsätzlich empfundene Geschmack bestand über Jahrhunderte, überlebte neben aufwendigeren Strömungen japanischer Kunst und fand seine stete Bestätigung in den Grundmaterialien der Architektur – Bambus, Holz, Erde, Papier und Stroh wurden sämtlich

IN KLEINEN HÄUSERN EMPFEHLE ICH HARTE MATERIALIEN WIE GLAS UND STAHL, DA SIE LUFTIG UND LEICHT STRUKTUR SCHAFFEN, OHNE SICH WIE SCHWERE HOLZMÖBEL IN DEN VORDERGRUND ZU DRÄNGEN. DIE TRANSPARENZ VON GLAS ERMÖGLICHT ES DEM LICHT, DURCH TISCHPLATTE UND REGALE ZU FALLEN UND DAMIT ALLE ECKEN DES RAUMS ZU ÖFFNEN. DER EINDRUCK IST ZWAR MONOCHROM UND GRAPHISCH, OHNE JEGLICHES »DRUM UND DRAN«, DOCH SCHON EIN STUHL AUS KORBGEFLECHT BRICHT DIESE STRENGE. DAS FISCHGRÄTMUSTER DES STUHLES ÄHNELT DER JAPANISCHEN TATAMIMATTE UND DEN LINIEN EINES FISCHERBOOTS. KORBGEFLECHT IST IN ASIEN WIE BEI UNS EIN LÄNGST ÜBLICHES ELEMENT, UND DIE WARMEN HONIGTÖNE VON KÖRBEN UND MATTEN VERHINDERN, DASS MINIMALISTISCHE RÄUME KALT UND LEER AUSSEHEN.

LEOPARDENMUSTER SIND KLASSIKER DER INNENEINRICHTUNG UND DENNOCH WANDELBAR. MIT MARMOR, SAMT UND SEIDENTRODDELN KOMBINIERT, WERDEN SIE OPULENT UND EXTRAVAGANT (RECHTS) – MIT STREIFEN IN TAUPE UND WEISS SAUBER UND ZEITGENÖSSISCH .

zum Hausbau benötigt, wobei sie alle ihre eigenen Strukturen einbrachten. Strukturelle Kontraste finden sich aber auch zwischen verwandten Materialien. Bei Marmor, Granit, Kiesel oder Schiefer handelt es sich sämtlich um Steinarten. Durch ihre unterschiedlichen Strukturen und Oberflächen bringt jeder Stein den anderen bestmöglichst zur Geltung: Legt man vom Meer rundgeschliffene Kiesel auf eine polierte Marmorplatte, wird der Unterschied zwischen von Menschen bearbeiteten und von der Natur geformten Steinen zum reizvollen Augenspiel. Das Nebeneinander von Rohseide, weich glänzender Seide und bestickter Seide läßt Unterschiede wie Gemeinsamkeiten deutlich hervortreten. Holz und Korbgeflecht sind Produkte von Bäumen – gemeinsam ist ihnen ihre faserige Struktur. Hält man sie gegeneinander, kontrastiert der geschmeidige, biegsame Charakter des Korbgeflechts mit der Stärke und Massivität des Holzes, obwohl sie sich im Farbton so ähnlich sind. Eisen wie Glas werden aus natürlichen Materialien gewonnen, erhalten aber durch unterschiedliche Herstellungsprozesse völlig verschiedene Charaktere. Sie ähneln sich in ihrer glatten, harten Oberfläche, sind aber ansonsten völlig verschieden.

Interessante Struktur-Gegensätze kreieren eine stoffliche Zusatzdimension, die sich bei der Drapierung oder Hängung eines Stoffes spielerisch einsetzen läßt. Mariano Fortuny schuf eine bis heute andauernde Sensation, als er Seide plissieren ließ – was völlig neue Strukturen schuf, einen fast neuen Stoff. Auf mehreren Stoffen gegeneinander gestellt, addieren sie Aufmerksamkeit heischende Aspekte zu Möbelstücken, Polstern, den Faltenwürfen von Vorhängen vor Fensternischen oder den Flächen eines einladend gemachten Bettes.

Der Umgang mit billigen, ganz üblichen Materialien, die dann raffiniert eingesetzt werden, ergibt immer ungewöhnliche Atmosphären – mit unbefangenem Auge in unerwartete Rahmen gesetzt, entwickelt Material völlig neue Aspekte. Ein Kissen mit Leopardenstoff neben einer monochromen japanischen *Dojo*-Matte unterstreicht die graphischen Qualitäten beider, wobei die Streifen sogar auf die Leopardenflecken hinzuweisen scheinen. Derselbe Leopardenstoff auf einem vergoldeten Stuhl hingegen ruft Gefühle von Luxus und Dekadenz hervor. Sofas der Gründerzeit müssen nicht mit glänzendem Chintz oder schwerem Samt überzogen werden – ihre barocken Umrisse können unter schlichtem Leinen sogar besser wirken, wie auch umgekehrt ein einfacher Stuhl durch viele Kissen plötzlich zum Luxusobjekt wird.

Innovativer Gebrauch von Materialien aller Art ist wesentlicher Teil östlicher Philosophien, welche auf die handwerkliche Ausführung einer tagtäglich gebrauchten Schüssel

genausoviel Wert legen wie auf die eines besonderen Möbelstückes. Schöne klare Linien, Umrisse und Farben setzen sich im spärlichen Einsatz des Materials fort, was nicht nur ungewöhnlich schöne Innenräume entstehen läßt, sondern auch viele Vorurteile über Einrichtung über den Haufen wirft und den Blick unbefangener macht. Die großen Flächen eines Raumes – Wände, Böden Decken, aber auch große Möbel – liefern zum einen die wichtige Kulisse für jeden Einrichtungsplan, zum anderen bieten sie immense kreative Möglichkeiten. Die Schönheit fernöstlicher Häuser liegt im Wesentlichen im Gebrauch von Naturmaterialien. Nur leicht zugängliche Werkstoffe der Umgebung wurden für Dach, Böden und Wände eingesetzt – Hölzer, Erde, Ton, Gras – und so entstand ein organisches Ganzes.

Das Zusammenspiel von Struktur und Oberfläche bestimmt den Charakter eines Raumes, und so lassen sich schon hier durch alternative Betrachtung viele ungewöhnliche Effekte erzielen. Details wollen sorgfältig beachtet sein, um ein rundes Ganzes zu erzielen. Während herkömmliche Einrichtungen unserer Breiten diese Flächen oft eher übergehen und im Mobiliar das Zentrum eines Raumes sehen, bieten sie in Wahrheit doch aufregende Möglichkeiten der Gestaltung.

WEICHES BAUMWOLLEINEN UND EIN WARMER SAMTÜBERWURF VOR EINFACHEN WEISSEN WÄNDEN LASSEN DAS BEENGTE SCHLAFZIMMER GRÖSSER ERSCHEINEN. AUF ÄHNLICHE ART UND WEISE RUFT SICH DIE NATÜRLICHE KLARHEIT ARCHITEKTONISCHER DETAILS VON JAPANISCHEN HÄUSERN IN ERINNERUNG, WENN EINE EINFACHE UNLACKIERTE KIEFERNKOMMODE AUF EINEN BLANKEN HOLZBODEN GESTELLT WIRD (RECHTS).

STOFFE UND STRUKTUREN

OBJEKTE UND AKZENTE

BLAUWEISS IST EINE DER BELIEBTESTEN FARBKOMBINATIONEN DES FERNEN OSTENS. BEI DER PRÄSENTATION VON PORZELLAN ERZIELEN SYMMETRIE UND WIEDERHOLUNG DIE GRÖSSTEN EFFEKTE: ACHT CHINESISCHE TASSEN STEHEN HÜBSCH ZUSAMMEN; IHRE VERSCHIEDENEN FORMEN UND STELLUNGEN VERHINDERN OPTISCHE LANGEWEILE. DER ZUSAMMENHANG DER DREI GEFÄSSE AUS CHINA IN LOCKEREM ARRANGEMENT ERGIBT SICH MEHR DURCH IHRE FORM ALS IHRE GRÖSSE. SOLCHE ARRANGEMENTS BERUHEN BESSER AUF UNGERADEN ZAHLEN, FORMELLERE PRÄSENTATIONEN SOLLTEN GRADZAHLIG SEIN.

Die polierte Gelassenheit eines geschnitzten Buddha, die zeitlosen Linien eines verblaßten Terrakottapferdes, die spiralige Großzügigkeit einer glatten Holzschüssel und die kunstvollen Schnitzereien eines venezianischen Spiegels – so sind die Elemente beschaffen, die einen angenehmen Raum in ein geniales Interieur verwandeln. Besitztümer sind Ausdruck der Persönlichkeit eines Bewohners, und Bilder, Statuen, Porzellan, Glas und Kunstgegenstände zeugen oft von erlebter Geschichte – von Romanzen, Reisen oder verblaßten Kindheitserinnerungen.

Die Kombination einfachen Designs mit stilvoller Handwerkskunst sollte mit fast asiatischer Rücksicht angegangen werden. Bildlich gesprochen, bedeutet das die Kombination von Alt und Neu, Modern und Antik, das Nebeneinander von einfachen und kostbaren Artefakten. Das Rasterschema ist ein perfektes Mittel, um Gegenstände aufzureihen oder in Gruppen anzuordnen. Bei solcher Liebe zur Strukturierung und Ordnung müssen Gegenstände nicht gleichwertig, sondern nur angeglichen sein. Neben relativer Formstrenge kann das Prinzip der Gegensätzlichkeit von Yin und Yang ebenso Gleichgewicht erzeugen: Damit ein Raum harmonisch wirkt, müssen beide Elemente ausreichend präsent sein. Yin steht neben anderen Eigenschaften für dunkle Farben, Kurven und gewundene Linien sowie für Empfänglichkeit, während Yang für Leichtigkeit, Weiß und Geradlinigkeit steht. Diese Prinzipien kommen auch zur Geltung, wenn sie die unterschiedlichsten Gegenstände, die jedes Haus »bevölkern«, mit-

einander verbinden – wenn Gegengewicht und Wiederholung dort visuelle Klarheit schaffen, wo sonst nur heilloses Durcheinander herrschen würde. Dieses Prinzip gegensätzlicher Ordnung verbindet auch die Spiritualität und Klarheit Asiens mit dem Prunk und der spezifischen Arbeitsqualität des Westens – Yin und Yang zweier unterschiedlicher Kulturen.

Formgefühl ist das wesentlichste Element beim Umgang mit Gegenständen, um eine Verbindung zwischen verschiedenen, aber vielleicht ähnlichen Objekten herzustellen. Einfache Formen wie gerade Linien und klare Kurven dienen als Gegengewicht zu hochdekorativen Objekten. So kann asiatisches neben westlichem Design bestehen, und farbenfrohe, komplizierte Details wie Drachen oder Pfingstrosengeflecht wirken nicht deplaziert, sondern verbinden handwerkliche Fähigkeiten und Traditionen der Vergangenheit mit modernen Interieurs.

Farbe ist ebenso wichtig wie Form. Eine Ecke, der Zwischenraum zwischen zwei Türen oder Vorhängen, das Ende eines Korridors, Regale in einem Alkoven – alle bieten Gelegenheit für kleine Arrangements. Manchmal ist die unmittelbare Umgebung zu gleichförmig, die Farben zu eintönig – ein Akzent oder ein Glanzlicht werden benötigt. Einem Zimmer in einer Symphonie aus Creme und Weiß oder in verschiedenen honigfarbenen Abstufungen, die harmonisch ineinander übergehen, verleiht vielleicht schon ein dramatischer roter Farbtupfer, z.B. durch einen hübschen Stapel chinesischer Lackschachteln, deutliche Wirkung. Eine simple leere

Wand kann der perfekte Hintergrund für die figürliche Linie einer prägnanten Silhouette sein – ein gelassen glänzender Buddha, eine weise dreinblickende europäische Büste aus Stein oder eine gegossene Bronzeskulptur: Sie alle wecken Interesse und verleihen dem Raum eine gewisse Eleganz. Nach Abwägen der Ziele eines Arrangements empfiehlt es sich übrigens, auch mal das Gegenteil auszuprobieren. Ein schmales Wandstück zwischen zwei Vorhängen mag auf den ersten Blick wie der optimale Platz für ein kleines Bild aussehen, doch statt dessen ein stark verzierter Spiegel am selben Platz ist oft erstaunlich effektvoll.

Das Ausstellen von Sammlungen ist eine Kunst für sich, doch auch hier kann asiatische Balance helfen. In Bali, Hong Kong, Thailand oder Japan sind auf den Märkten sogar die Bretter mit Radieschen, die Schaufenster mit Messern wunderschön dekoriert. Gerade gezogene Reihen unterstreichen Form und Farbe am besten, und spezielle Extras – rote oder violette Bänder um das Gemüse oder spezielle Knoten – fügen Glanzlichter hinzu. Sammlungen müssen nicht wertvoll sein; sogar die bescheidensten Gegenstände strahlen eine Art erfrischender Dinglichkeit aus, wenn sie in Gruppen zusammengestellt werden.

Es macht natürlich immer Eindruck, eine Sammlung in Regalen geometrisch zu präsentieren: Dann lenken keine anderen Details ab, die Charakteristika jedes Objekts kommen un-

IM KLUGEN UMGANG MIT SYMMETRIE LIEGT DER SCHLÜSSEL ZU DIESEM ARRANGEMENT – ZWEI HÜTE WERDEN AUF DIE RECHTE SEITE GEHÄNGT, EINER AUF DIE LINKE UND EIN VIERECKIGES BILD BALANCIERT DIE RUNDEN FORMEN DER SCHALEN WIEDER AUS. REISEEINDRÜCKE WIE DER ÜPPIGE BOGEN OBEN WERDEN ZUR INSPIRATION BEI DER VERWENDUNG VERZIERTER RAHMEN. EIN PRUNKVOLLER SPIEGEL IST KERN EINES STRENGEREN STILLEBENS ZWISCHEN ZWEI VORHÄNGEN; UM EINEN UNGEZWUNGENEREN EINDRUCK ZU ERZIELEN, WERDEN DIE BILDER IN DEN VERGOLDETEN RAHMEN EINFACH AUF DEN BODEN DER EMPORE GESTELLT.

DIE STILISIERTEN GEOMETRISCHEN MUSTER AUF VIELEN DEKORATIVEN GEGENSTÄNDEN VON TÜREN BIS ZU KELIMS SIND AUS EINER KOMPLEXEN TRADITION DER ISLAMISCHEN LÄNDER ENTSTANDEN, WO AUS RELIGIÖSEN GRÜNDEN DIE DARSTELLUNG VON LEBEWESEN VERBOTEN WAR.

STILISIERTE MUSTER BEHERRSCHEN DIESES WOHNZIMMER VOM PAISLEY-STUHL UND TÜRKISCHEM KELIM BIS ZUM KAMINSIMS, DEN AFRIKANISCHEN ARTEFAKTEN UND DEM GESCHNITZTEN INDISCHEN TISCH.

gestört zur Geltung. Sollte sich eine Sammlung gerade durch ihre Unterschiedlichkeit auszeichnen – etwa antike Gläser aus Venedig, Georgien und Ägypten mit ca. zwanzig bis dreißig unterschiedlichen Farbtönen – empfiehlt sich derart einfaches Vorgehen.

Regale, die in unterschiedlichen Längen quer an der Wand verlaufen, sind dem nachempfunden, was die Japaner *Chigai-dana* (»zerklüfteten Nebel«) nennen; sie geben den Objekten mehr Luft zum Atmen als wenn sich die Regale nur von einer Wand zur anderen erstrecken würden. Es gibt sogar die traditionelle japanische Truhe *Kaidan-dansu,* die unter eine Treppe gestellt wird und daher die treppenförmige Gestalt aufnimmt. Heute steht sie oft frei im Raum, wo ihre gleichmäßigen Stufen ein idealer Platz für Arrangements sind. Regale können so gestaltet werden, daß sie mit einer Sammlung harmonieren oder aber kontrastieren – ein paar provençalische Bäckerregale oder ein Regency-Bücherschrank nehmen eine Sammlung hellgrünen Porzellans aus Thailand ebenso auf wie ein zeitgenössisches Regal aus geometrischen Kästen.

Sammlungen lassen sich in Gruppen fassen, deren jede ein eigenes kleines Stilleben bildet. Organisch-natürliche Formen ergeben sich aus ungeraden Zahlen – drei Steinkugeln, fünf Lackschachteln oder sieben Kalligraphiepinsel. Geht es um geordneteres Aussehen, werden die Gegenstände nach geraden Zahlen in Paaren oder Schachteln sortiert. Gemeinsamkeiten bestimmen die Gruppierungen – runde und zylindrische Formen, bestimmte Farben wie Violett oder Mauve, oder optische Merkmale wie der Glanz von Messing oder die Äderung von Perlmutt, Marmor oder Schiefer.

Jeder Mensch kennt das Prinzip des Mittelpunkts in einem Raum – in westlichen Häusern sind dies oft Kamin, Fenster oder beeindruckende Bilder. Der Mittelpunkt eines traditionellen asiatischen Hauses war das Feuer, das in der Mitte des Hauses brannte – für gewöhnlich als offener Herd oder Kuhle im Boden, wo das Feuer ständig brannte. Andere Mittelpunkte waren die Hausaltare – graphisch betrachtet, im Wesentlichen kunstvolle Stillebenkompositionen. Im Kontrast dazu stellen sich mehrere kleine Mittelpunkte als im Grunde sinnvoller und lebendiger dar.

Jede Ecke, jeder Alkoven, aber auch jedes Möbelstück bietet Platz für kleine Stilleben. Das Wort »Stilleben« führt dabei vielleicht ein wenig in die Irre, weil einer der Schlüssel dieses Lebensstils darin besteht, daß die Dinge in Bewegung bleiben. Töpfe aus Thailand können in der einen Woche als Tischdekoration dienen, in der nächsten den Kaminsims zieren. Das ist schon an sich japanisches Vorgehen: Der Zieralkoven, das *Tokonoma,* kann jederzeit als Ort für schön bemalte Papierrollen, Statuen oder Blumenarrangements dienen. Jeder ausgestellte Gegenstand wird mit Bedacht ausgesucht, um harmonisch die Jahreszeit widerzuspiegeln oder eine Feier bzw. einen Ehrengast hervorzuheben. Bildrollen und Statuen, die gerade nicht gezeigt werden, werden sorgfältig verpackt und hinter Schiebetüren verstaut – ein starker Kontrast zum westlichen Bedürfnis, alle oder zumindest viele Besitztümer immer zur Schau zu stellen. Der Hauptaspekt des Arrangierens ist immer das Auslassen: Was fehlt unbedingt noch? Was ist überflüssig? Was kann weggelassen werden?

Im Rahmen solcher Einrichtungskonzepte gewinnt in unseren überbevölkerten Städten die Frage nach Stauraum immer mehr an Bedeutung; die effektivste Lösung liegt wohl darin, Stauraum direkt in die Einrichtung zu integrieren. In Stufen und Reihen geschichtete Schachteln und Körbe können konventionelle Schränke ersetzen. Körbe sind seit langem aus vielen Gründen, aber auch wegen ihres natürlichen Materials sowie ihrer Flexibilität ein beliebtes Lagermodul in unseren Breiten. Darüber hinaus haben schöne Körbe eigenständige Charakteristika: Korbgeflecht kann rauh und erdig sein, wie bei großen, robusten Holz- oder Leinenkörben, so elegant gefirnißt und geflochten sein wie die elegant gelackten Picknickkörbe und Hochzeitskörbe aus China, Thailand oder Burma; die kleinen, leichten Körbe aus Afrika sind ideal für Tische oder Schminktische, als Behälter für Stifte, Bürsten und Lippenstifte, die größeren, schachtelartigen Weidenkörbe eignen sich perfekt für Schuhe oder Einkauf.

Die »richtige« Art der Bilderhängung war und ist bei uns Anlaß mannigfacher Diskussionen bis ins Humoristische, weshalb sich eine andere Lösung anbietet: Bilder werden zusammengestellt, um eigene symmetrische oder asymmetrische Kompositionen zu bilden. Mehrere Plakate gemeinsam können ebenso beeindrucken wie die Zeichnung eines alten Meisters, ein Kinderbild ebenso geeignet sein wie ein imposantes Ölgemälde. Die erste Frage ist auf jeden Fall, ob ein Bild den Mittelpunkt eines Raumes bildet oder nur als Akzent dient.

Bei Möbeln ist es einfach, flexibel zu denken, doch ist es mehr eine Frage der inneren Haltung, wenn es um Kunst und dekorative Gegenstände geht. Befreite Wände kreieren ein Gefühl von Bewegung und erlauben, anders an die Gestaltung heranzugehen. Während die Chinesen ähnlich den Japanern ihre Wandbilder regelmäßig umhängen, um nicht in ästhetische Routine zu verfallen, geht die Tendenz hierzulande dahin, Wände mit Bildern vollzuhängen. Es gibt hier keine »falsche« oder »richtige« Antwort, doch eine entschiedenere Auswahl verleiht jedem Raum eine frischere, andere Atmosphäre. Es sei noch einmal darauf hingewiesen, daß auch Kontraste beeindruckende Effekte erzielen können – eine

ZWEI TÖPFE MIT BLUMENZWIEBELN UND EIN WANDBEHANG (RECHTS) ERGEBEN EINE KOMPOSITION AUS GERADEN LINIEN, WOBEI DIE DÜNNEN KNOSPEN WIE WÄCHTER KERZENGERADE VOR DEN BREITEN STREIFEN DES STOFFES STEHEN. SYMMETRIE UND ASYMMETRIE SIND DIE SCHLÜSSEL ZU DEM ARRANGEMENT EINER SAMMLUNG VON PORZELLANGEFÄSSEN (OBEN). DER STANDORT VON OBJEKTEN IST ESSENTIELL FÜR JEDES ENSEMBLE – SOGAR DER STAURAUM ZÄHLT ÄSTHETISCH: DIE OFFENE TÜR EINES ORIENTALISCHEN AUSSTELLUNGSREGALS GIBT DEN BLICK FREI AUF DIE »WARE«.

DIE FORM DES TISCHES WIRD VON DEN SCHALEN, DER VASE UND DEN GEÖFFNETEN BLÜTEN GLEICHERMASSEN AUFGENOMMEN. HIERBEI IST SCHÖN ZU BEOBACHTEN, WIE THEMATISCHE WIEDERHOLUNG VON GRÖSSE, FORM UND FARBE AUF TISCHEN ÄSTHETISCHE ERFOLGE ERZIELEN UND VERHINDERN, DASS UNTERSCHIEDLICHE OBJEKTE DURCHEINANDER WIRKEN. DIE RUNDEN KNÖPFE SOWIE DIE NEUTRALE FARBE DES BODENKISSENS UNTERSTREICHEN DIES NOCH.

Wand kann durch eine schlichte Bildrolle bestechen, die nächste durch eine Gruppe Ölbilder in vergoldeten Rahmen.

Die Art und Weise, wie Haus, Heim und Besitz präsentiert werden, und die daraus resultierenden Auswirkungen auf das eigene Leben beschreibt eine Philosophie, die in vielen Ländern Asiens zum Alltag gehört: »Feng Shui« geht davon aus, daß Klarheit und Schönheit sowie Design und Ordnung im Haus einen bedeutenden Einfluß auf Leben, Wohlstand, Glück und Beziehungen haben. Der zentrale Grundsatz lautet, daß die »Energie« frei durchs Haus fließen können muß, ohne von allzuviel Durcheinander daran gehindert zu werden. Zuviele Gegenstände behindern – dem Feng Shui zufolge – den freien Fluß der Gedanken und überfrachten das Haus. Dabei ist es besonders wichtig, die Ecken nicht vollzustellen, um sich nicht den Fluß der guten Zukunft zu verbauen Dies ist nicht gleichbedeutend mit nüchternen, leeren Interieurs, sondern bedeutet einfach nur, daß jeder Gegenstand mit Bedacht ausgewählt sein und einen Zweck erfüllen sollte.

In Japan verfolgt die Shinto-Religion ähnliche Ziele. Dem Wesen nach ein animistischer Glauben, meint der Shintoismus, daß Gott in jeder Umgebung zu finden ist – ein uralter Baum, ein Flußabschnitt kann für heilig befunden werden und Schreine werden entlang der Straße aufgestellt. Verbunden mit diesem Glauben ist eine Tradition feinsten Kunsthandwerks, das noch in den entlegensten Dörfern existiert und seinen Höhepunkt in den wunderbar verzierten Tempeln findet. Kleine Andachtsstatuetten – Gottheiten und Ikonen – entstanden aus einfachsten Materialien wie Stroh, Terrakotta oder Kuhdung, hergestellt von Menschen, die einen festen Glauben, aber keinerlei formale Ausbildung hatten. Indem das Kunsthandwerk sogar in schlichtesten Gegenständen – wie einer Reisschale oder einer einfachen Tasse – als Bindeglied zwischen göttlicher und materieller Welt dient, wird es respektiert und hoch geschätzt. Ein dortiger Handwerker respektiert sein Werkzeug und seine Handwerkskunst auf ähnliche Weise und betrachtet seine Kunst als spirituellen Akt. Solche Ideale – und die Resultate, mit all ihren charmanten Unvollkommenheiten – wirken erfrischend auf das westliche Auge und führen dazu, daß sogar gewöhnliche Haushaltsgegenstände zu Objekten von großer Schönheit werden können.

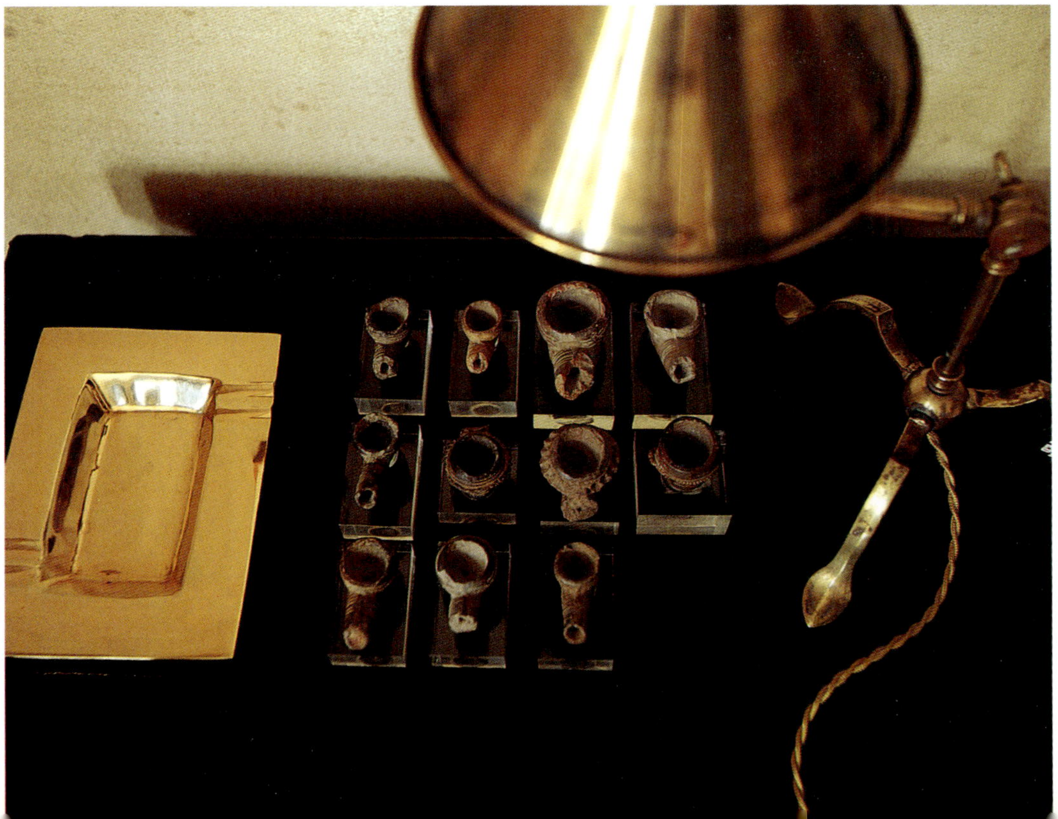

EINFACHE FORMEN WIRKEN IMMER ERFREULICH UND BERUHIGEND. DIE KURVENLINIE DER MAROKKANISCHEN MESSINGVASE WIRD VOM GITTERWERK EINER TRADITIONELLEN BLENDE NOCH HERVORGEHOBEN. DAS THEMA »MESSING« WIRD VON DEN OPIUMGEWICHTEN, DIE ORDENTLICH NEBEN EINEM HANDGETRIEBENEN BEHÄLTER UND EINER LAMPE AUFGEREIHT SIND, WEITERGEFÜHRT. ERST DIE LÜCKE VORNE RECHTS VERSTÄRKT DEN VIERECKIGEN EINDRUCK DES ARRANGEMENTS.

KLARHEIT

JEDE KÜNSTLERISCHE DARSTELLUNG BUDDHAS SOLL GELASSENHEIT UND RUHE VERMITTELN, DIE DAS HÖCHSTE ZIEL BUDDHISTISCHEN GLAUBENS BILDEN. DAS MATERIAL IST DABEI VON GROSSER, AUCH SYMBOLISCHER BEDEUTUNG: BRONZE, HOLZ ODER STEIN SIND DIE ÜBLICHSTEN. JEDES DAVON HAT ANDERE EFFEKTE – VON DER UNDURCHDRINGLICHEN TIEFE DES EBENHOLZES BIS ZUM GLANZ EINER BRONZESTATUE. LETZTENDLICH BRINGEN DIE ÜBERZEUGUNG UND DER GLAUBE DES KÜNSTLERS DIE WAHRE SCHÖNHEIT BUDDHAS HERVOR.

In dem Maße, in dem unser Leben komplexer wird, und Druck und Tempo unseres Lebensstils uns immer mehr abverlangen, rückt »Klarheit« verstärkt in den Mittelpunkt unseres Interesses. Das Auge wird täglich durch Tausende von Bildern überfüttert – in der Werbung, in Geschäften, bei der Arbeit. Da ist es eine verlockende Vorstellung, wenigstens zu Hause eine Atmosphäre von Ruhe und Klarheit vorzufinden. Wer, wie Designer, in einem stark vom Visuellen geprägten Medium arbeitet, legt besonders hohen Wert auf Klarheit als bleibenden Wert. So erklärt sich vielleicht auch das neu erwachte Interesse am Minimalismus in Mode und Innenarchitektur. In westlichen wie in asiatischen Religionen gedieh Spiritualität schon immer am besten in einer schlichten, geordneten Umgebung – gerade so, als könne man durch Verzicht auf die schlimmsten materialistischen Auswüchse ein ausgeprägteres Gefühl für Spiritualität und das Wesentliche im Leben entwickeln.

Das ist aber nicht der einzige Grund, warum Klarheit so attraktiv ist: Die übervölkerten Städte haben dazu geführt, daß Raum heute zu den begehrtesten Gütern gehört – gleich, ob man nun im Menschengewimmel von Metropolen wie Tokio, Peking oder Hong Kong oder in den ebenso belebten, aber meist weitläufigeren Vorstädten um New York, London oder Paris lebt. Häuser werden in Wohnungen aufgeteilt, Wohnungen in Appartements, und auch Einfamilienhäuser werden von Jahr zu Jahr kleiner geplant. Lediglich beim Umbau von großräumigen Industriegebäuden wie Lagerhäusern, Bürogebäuden und Lofts muß man keine Kompromisse eingehen, was Zimmergrößen und Raumaufteilung angeht, was einen Gutteil ihres Reizes ausmacht. Innenarchitektur kann sich also nicht mehr länger auf rein dekorative Fragen beschränken, sondern muß sich damit beschäftigen, wie man Lebensraum möglichst optimal nutzt und selbst kleine Räume weit und luftig erscheinen läßt.

Immer mehr Menschen leiden unter visueller Umweltverschmutzung und haben deshalb das Bedürfnis, sich einzuschränken. Visuelle Umweltverschmutzung ist mehr als nur eine dreckige Straße oder ein durch Fabrikschornsteine versperrter Horizont. Rund um die Uhr hämmert Werbung auf uns ein: im Radio, im Fernsehen, auf Plakatwänden und auch in den neuen elektronischen Medien. Die Menschen stehen ständig unter dem Druck, zu konsumieren, etwas zu leisten und etwas darzustellen, das ihnen vielleicht gar nicht liegt. Ruhe, Ordnung und Klarheit im häuslichen Umfeld können uns von diesem visuellen Chaos etwas abschirmen und dabei helfen, uns zu entspannen und wieder zu uns selbst zu finden. Die materialistische Einstellung der achtziger Jahre wird nun durch die bessere Gestaltung von Lebensstil und Freizeit abgelöst, und durch Einschränkung gewinnen wir nicht nur Platz, sondern auch Zeit.

KLARHEIT

Der unterschiedliche Lebensstil verschiedener Länder führt zu sehr unterschiedlichen Ansprüchen und Prioritäten in der Gestaltung der eigenen vier Wände. Japaner zum Beispiel laden selten Gäste zu sich nach Hause ein, sondern bitten meist in ein Restaurant – im Gegensatz zu vielen westlichen Familien, denen ihr schönes Haus erst richtig Freude macht, wenn sie es gemeinsam mit Freunden und Verwandten genießen können. In verschiedenen Kulturen wird darüber hinaus auch einzelnen Räumen ganz unterschiedliches Gewicht beigemessen – im Westen spielt das Schlafzimmer eine wichtige Rolle, in Asien kommt dem Waschraum größere Bedeutung zu. In dicht besiedelten Ländern wie Japan, Indien und China haben sich einfachere Lebensformen entwickelt, weil sich die Menschen dort den Platz für zuviel Besitz nicht leisten können. Im westlichen Lebensstil hingegen glaubt man auf bestimmte Besitztümer

KONZENTRISCHE KREISE FÜHREN DIE SEELE ZUR SCHÖNHEIT EINFACHER FIGUREN UND FORMEN. DAS ZEIGT SICH DEUTLICH IM ORDENTLICH GEHARKTEN KIES DES *TOFUKU JI*-ZENGARTENS IN KYOTO – EINER DER TRADITIONELLSTEN STÄDTE JAPANS.

DIE KUGEL, DIE U.A. AUCH ASSOZIATIONEN AN ERDE UND PLANETEN HERVORRUFT, IST EINE DER STÄRKSTEN FORMEN ÜBERHAUPT.

ZWEI GROSSE MARMORKUGELN VOR EINEM KAMIN ERSETZEN OPTISCH HOLZKORB UND SCHÜRHAKEN, DIE SONST DORT HINGEHÖREN, BEI VIELEN KAMINEN IN STADTWOHNUNGEN ABER EIGENTLICH FEHL AM PLATZE SIND. DIE LINIEN DES KAMINS LÖSEN SICH IN DEN RUNDEN FORMEN DER STEINKUGELN.

DAS ARRANGEMENT STRAHLT KLARHEIT UND RUHE AUS: EINE NEUTRALE PALETTE, EINE KONSEQUENTE FORMGEBUNG UND EIN DOMINIERENDES MATERIAL – MARMOR.

DIE VERWENDUNG SCHMIEDEEISERNER MÖBEL WIRD IMMER BELIEBTER – EINST EIN RUSTIKALER WERKSTOFF, WIRD SCHMIEDEEISEN HEUTE AUFGRUND SEINER MATERIELLEN STABILITÄT UND OPTISCHEN FLEXIBILITÄT IMMER ÖFTER FÜR MODERNE, URBANE DESIGNS GEWÄHLT. GERADE IN KLEINEN ZIMMERN NUTZT ES DEN VORHANDENEN PLATZ BESSER AUS UND VERLEIHT GRÖSSEREN MÖBELSTÜCKEN LEICHTIGKEIT. HIER BILDEN SCHWARZE UMRISSE EINEN STARKEN KONTRAST ZU DEN WEISSEN WÄNDEN, WELCHE FARBIGKEIT VON DEM DRAHTKORB MIT DEN BÄLLEN WEITERGEZOGEN WIRD. ZEITGENÖSSISCH VERARBEITET, SIND SCHMIEDEEISERNE MÖBEL SEHR NUTZUNGS-FLEXIBEL, KÖNNEN ALSO LEICHT VON EINEM RAUM IN DEN ANDEREN ODER VON DRINNEN NACH DRAUSSEN GESTELLT WERDEN, SO DASS EIN GARTENSTUHL EBENSOGUT AN DEN ESSTISCH WIE INS BADEZIMMER PASST.

und Möbel nicht verzichten zu können – zum Beispiel sitzen wir auf Stühlen, nicht auf dem Boden, wir brauchen Beistelltische für Lampen, und Möbel, auf denen wir Bücher und Gläser abstellen können. Es scheint besser, sich – ähnlich wie in Asien – auf besonders geliebte Gegenstände zu beschränken und diese vielfältiger zu nutzen. Eine Vase muß nicht ausschließlich für Blumen da sein, sondern kann auch einmal als Stift- und Pinselhalter dienen; ein Diwan kann tagsüber Sofa, nachts Bett sein. »Klarheit« besteht nicht nur darin, Überflüssiges abzuschaffen, sondern auch darin, seine Lebensweise zu überdenken. Befreien Sie sich von allem, was Sie nicht wirklich lieben oder brauchen: Übernehmen Sie doch einfach die chinesische und japanische Sitte, Kunstwerke und Ziergegenstände wegzuschließen und nur zu bestimmten Anlässen oder Jahreszeiten aufzustellen.

DIE EINBAUSCHRÄNKE EINES JAPANISCHEN INTERIEURS UND DIE TYPISCHEN *TOKONOMAS* ALS SCHACHBRETTARTIGE HINTERGRÜNDE NUTZEN DIE VOLLE HÖHE EINES ZIMMERS – PLATZ IST WERTVOLL. UM DAS RAUMANGEBOT EINES APPARTEMENTS ZU MAXIMIEREN, LASSEN SICH ÜBER TÜREN UND ÄHNLICHEM ZWISCHENBÖDEN EINZIEHEN. ALS DEKORATION SOLLTEN EINFACHE STOFFBAHNEN AUS KATTUN UND POLSTERSTOFF DIENEN, DIE AN DIE RASTER JAPANISCHER HÄUSER ERINNERN.

Der Trend zum kargeren Ambiente gewinnt auch im Westen immer mehr Anhänger – auch durch Architekten wie Richard Rogers oder John Pawson sowie durch viele Geschäfte und Galerien, die sich dem Ideal stilvollen, minimalistischen Lebens verschrieben haben. Trotzdem fühlen sich viele Menschen hierbei immer noch unsicher – es scheint schwieriger, Geschmack und Stilgefühl in nur wenigen Stücken zum Ausdruck zu bringen. Dabei wirkt ein Möbelstück durch Form und Farbe von ganz alleine, wenn es nicht von Stoffen und Kissen verdeckt oder unter dekorativem Kleinkram verschwunden ist. Ohne störendes Beiwerk kommen die Vorzüge von Verarbeitung und Material zur Geltung – all das, was schön und liebevoll verarbeitet ist. Je weniger das Auge von Accessoires und Zierstücken abgelenkt wird, desto mehr rücken Entwurf und Ausführung in den Mittelpunkt. Nur ein Stück, das aus sich heraus schön ist, kann auch alleine bestehen. Bei japanischen Häusern soll schon das Haus selbst hohe Maßstäbe setzen, denen die Inneneinrichtung ebenbürtig sein muß. Vor einem solch anspruchsvollen Hintergrund wird jede Schwäche und Nachlässigkeit sichtbar. Designer und Handwerker müssen Qualitäten und Stärken der jeweiligen Materialien kennen und wissen, wie sie diese am besten zur Geltung bringen – sei es feinstes Porzellan oder robuste Terrakotta.

All das bedeutet nicht »teures« Material – es bedeutet nur, mit großer Sorgfalt Einrichtungsgegenstände von innerem Wert auszusuchen, sie wirkungsvoll zu arrangieren und alles wegzuräumen, was nur dasteht, weil es nirgends sonst steht. Ein einfach gezeichnetes Kindergesicht oder ein Poster von fernen Ländern verdient als Lieblingsbild Raum und Ehrenplatz, um sich daran erfreuen zu können. Niemand ist verpflichtet, den besten Platz für »wichtige« Kunst zu reservieren. Die Freiheit eigener Geschmacks- und Wertvorstellungen wird entwickelt – und wirkt ein Bild eines Tages »abgestanden«, wird es einfach umgehängt. Es gibt auch keine »besten« Materialien. Diese Einrichtungsphilosophie legt viel mehr Wert auf unaufdringlich grobes Leinen, Baumwolle und Nessel als auf feine Samt- und Seidenstoffe. Bescheidenere Materialien mögen weniger perfekt sein, aber sie strahlen oft eine Wärme aus, die bei teurer oder andererseits in Massen hergestellter Ware häufig fehlt.

Klarheit im Einrichtungsstil bedeutet auch, Details besondere Aufmerksamkeit zu schenken. Die zurückhaltende, streng methodische japanische Innenarchitektur mit ihren geraden Linien, monochromen Farben und fast leeren Räumen zum Beispiel lenkt den Blick auf die Verarbeitung des Hauses. Westliche Besucher in Japan sind oft von den Querbalken aus Zedern- oder Wacholderholz fasziniert, die sich in der traditionellen Deckenkonstruktion in perfekten rechten Winkeln kreuzen. Im Westen dagegen schafft häufig der untere Teil des Raums so viel Ablenkung, daß zum Beispiel die viel kunstvolleren Ornamente einer viktorianischen Stuckdecke fast unbeachtet bleiben. In ganz Asien zeichnet sich die Handwerkskunst durch Konzentration auf solche Details aus – vom kunstvoll goldverzierten Glas und den reich ornamentierten Fliesen in Istanbul bis zur feinen Kalligraphie und reichverziertem Porzellan in China. Solche phantastischen Beweise handwerklichen Könnens erscheinen auf den ersten Blick als genaues Gegenteil von Klarheit, aber vor einem schlichten, ruhigen Hintergrund können sie genau den richtigen Akzent für die gesamte Einrichtung setzen.

Die Raumnot heutiger Zeit ist wohl der Hauptgrund für das zunehmende Interesse an Klarheit. Der disziplinierte Umgang mit Farbe, Raum und Möbeln kann Zimmer größer erscheinen lassen. Wiederholen sich Farben und Formen in Räumen, so entsteht ein Eindruck von Ordnung und Kontinuität und die Illusion von Weite. Das kräftige Blau der Schlafzimmervorhänge kann im Wohnzimmerteppich oder in der Bordüre einer Tischdecke wiederkehren, sich im Küchengeschirr wiederholen etc. Hilfreich sind auch flexible Möbel, wie sie die Japaner schätzen: Futons werden nur für die Nacht ausgerollt, tagsüber werden sie Sitzkissen. In

MAN VERGLEICHE ZWEI WOHNZIMMER: BEIDE MIT WEISSEN WÄNDEN, FARBLICH NEUTRALEN MÖBELN UND EBENSOLCHEM BODENBELAG – DENNOCH BEHÄLT EINES SEINE FORMELLERE PRÄGUNG, WÄHREND DAS ANDERE EINLADEND UND RUHIG AUSSIEHT.
DIE FÜLLE WEISSER KERZEN UND EXOTISCHER WEISSER ORCHIDEEN SORGT FÜR WEICHHEIT UND GLANZ (VORHERIGE SEITE), DIE DEM RAUM WÄRME UND RUHE VERLEIHEN. DER GRÖSSERE SPIEGEL REFLEKTIERT DAS KERZENLICHT UND DIE GEOMETRISCHE ANORDNUNG DER BILDER AUF DER GEGENÜBERLIEGENDEN WAND UND BRINGT SO EINE PERSPEKTIVE IN DEN RAUM, DIE DEN EINLADENDEN KAMIN INS ZENTRUM STELLT.
DER RAUM RECHTS VERDANKT SEINE DRAMATISCHERE AUSSTRAHLUNG DEN VIER GROSSEN KERZENSTÄNDERN AUF DEM KAMINSIMS. SO GROSSE OBJEKTE SOLLTEN EIGENTLICH AUF DEM BODEN STEHEN, DOCH IHRE GRÖSSE KORRESPONDIERT GENAU MIT DER HÖHE DES KAMINS. VIER DAVON SCHAFFEN EINE ETWAS UNKONVENTIONELLERE ATMOSPHÄRE UND ZEIGEN DANEBEN, WIE EIN AUSGEFALLENES ELEMENT EINEN ANSONSTEN NEUTRALEN RAUM SEHR EFFEKTVOLL VERÄNDERN KANN.
FÜR GEWÖHNLICH WÄREN VIKTORIANISCHE STÜHLE MIT EINEM GEMUSTERTEN ODER DUNKLEN SAMT BEZOGEN, DOCH DER EINFACHE, CREMEFARBENE STOFF LENKT DEN BLICK MEHR AUF IHRE FORM.

anderen Gegenden, etwa in Thailand, findet man selten ein separates Schlafzimmer – nur Nutzräume wie Küche und Badezimmer sind auf einen bestimmten Zweck festgelegt.

In einem typisch fernöstlichen Haus alten Stils wird das Badezimmer zu einer Allegorie der Sauberkeit, und das Waschen hat sich zu einem stark ritualisierten Vorgang entwickelt. Nur die besten Materialien finden beim Bau eines Bades Verwendung, bisweilen baut man Fenster nur dafür ein, daß sich dem Badenden eine malerische Aussicht eröffnet. Das Bad, *Ofuro*, wird in Japan so sehr geschätzt, daß es oft erheblich größer ist als die Küche, denn vor allem im Bad befreien sich die Menschen von den Sorgen des Alltags. Die meisten anderen Räume des Hauses dagegen gehen ineinander über und ermöglichen so eine vielseitige Nutzung. In westlichen Häusern dagegen dient jedes Zimmer einem ganz bestimmten Zweck, und das Innere und Äußere des Hauses sind klar voneinander abgetrennt. Natürlich braucht man wesentlich mehr Möbel, wenn sich die Küchenstühle von den repräsentativeren Eßzimmerstühlen unterscheiden etc. Klarerer Lebensstil schafft mehr Platz in der Wohnung, indem jedes Zimmer und jedes Möbelstück mehrere Funktionen bekommen.

Man muß deshalb nicht gleich die Möbeltraditionen des Westens über Bord werfen, sondern nur überprüfen, wie Möbel vielfältiger zu nutzen wären. Gegenstände von eher neutralem dekorativen Wert sind wesentlich vielseitiger und passen sich leichter unterschiedlichen Zimmern an; sie sind nicht auf einen einzigen Zweck oder Raum beschränkt. Ein mit schlicht naturfarbenem Nessel bezogener Stuhl wirkt im Eßzimmer elegant, im Schlafzimmer gemütlich. Zur Klarheit gehört aber nicht nur der disziplinierte Umgang mit Möbeln, sondern auch ein Gespür für die Vielseitigkeit und Wandlungsfähigkeit von Räumen. Viele Zimmer lassen sich mehrfach nutzen: Küchen, die gleichzeitig als Eßzimmer dienen, Schlafzimmer, in denen man sich auch entspannen und ruhig sitzen kann oder Wohnzimmer mit Arbeitsecke. Flexible Möblierung und neue Raumeinteilung erfordern sicherlich eine gewisse Disziplin; der Lohn ist jedoch ein ganz neues Freiheitsgefühl. Das gesteigerte Interesse an Wohnraum in umgebauten Industriegebäuden zeigt, wie reizvoll dieser flexible, schlichtere Lebensstil sein kann.

Hof und Garten gehören ebenfalls zur asiatischen Wohntradition und sind ein weiterer wichtiger Bestandteil schlichteren Lebensstils. Die Wandschirme japanischer Häuser lassen sich entfernen; so öffnet sich das Haus nach außen und gewährt der Natur Einlaß. Dieses Einbeziehen der Natur ins Haus gilt in vielen Kulturen als ein Weg zu friedlichem und entspannterem Leben. Eine wichtige Rolle spielt dabei das Wasser. Es wird in so unterschied-

lichen Kulturen wie dem Islam (die wunderbaren Wasserläufe der Alhambra) und dem Zen-Buddhismus in den Lebensbereich einbezogen, um eine kontemplative Atmosphäre zu schaffen. Auch in der westlichen Tradition spielte das Wasser eine wichtige Rolle – die Platoniker glaubten, es spiegele die Seele wider, weil es das Licht reflektiert. Vieles mag in westlichen Häusern nicht zu realisieren sein, aber natürliche Materialien, Pflanzen und Kräuter können auch in Innenräumen ein Gefühl von Natur vermitteln. Gerade der Garten schenkt Entspannung.

Schon eine Reise und die Begegnung mit einer anderen Kultur können dazu führen, das eigene Zuhause und sein Leben mit anderen Augen zu sehen. Viele Menschen hierzulande sind an verstopfte Räume gewöhnt und empfinden die sauberen, leeren Räume im Fernen Osten als Erholung und Entspannung für die strapazierten Augen. Andere wiederum schätzen die Philosophie, die sich in diesen Interieurs spiegelt.

Die Kunst der Klarheit ist vergleichbar mit der Kleidung zu einem besonderen Festtag: Gerade bei solchen Anlässen ergibt sich immer die Versuchung, dem klassisch-schön geschnittenen Kostüm noch einen goldenen Gürtel hinzuzufügen, atemberaubende Ohrringe oder die Halskette aus kostbaren Steinen anzulegen. Doch zuviel Schmuck und Accessoires machen einander Konkurrenz und lenken vom perfekten Schnitt des Kostüms ab. Diese Einstellung zählt auch bei der Inneneinrichtung, und zwar nach dem Grundsatz »Weniger ist mehr«.

EIN TEICH, VON KIESELSTEINEN UMGEBEN, EVOZIERT JAPANISCHE EINDRÜCKE – BEISPIELSWEISE ALS AUSBLICK AUS EINEM RAUM FÜR DIE TEEZEREMONIE. DIE VERBINDUNG ZWISCHEN WASSER, INNERER VERSENKUNG UND FRIEDEN HAT SPIRITUELLE KONNOTATIONEN; WASSER ALS DEKORATIVES ELEMENT MUSS SICH NICHT AUF GÄRTEN ODER SWIMMINGPOOLS BESCHRÄNKEN. SO WURDEN IN DEM BADEZIMMER GANZ LINKS KIESEL UM DIE WANNE HERUM GELEGT, UM ASSOZIATIONEN EINSAMER, KONTEMPLATIVER UFER ZU WECKEN. EINE GEWISSE SPANNUNG ERGIBT SICH AUSSERDEM IM GEGENSATZ ZWISCHEN NATÜRLICHEM STEIN UND HANDGEMACHTEN, SCHWARZEN FLIESEN.

DAS ANSPRUCHSVOLLERE ENSEMBLE AN EINEM IN-DOOR-POOL BESTEHT AUS EINER ZEITGENÖSSISCHEN SKULPTUR UND EINEM KORBDIWAN, DIE SICH IM RUHIGEN WASSER SPIEGELN UND SO GEWISSERMASSEN SYMMETRISCH VERDOPPELN.

士

DIE ELEMENTE

WÄNDE

DER KONTRAST ZWISCHEN EINFACHEN WÄNDEN UND KOMPLIZIERTEN ARCHITEKTONISCHEN ELEMENTEN WIE ETWA DIESEN SCHMIEDEEISERNEN ARBEITEN AUS EINER MOSCHEE IN ISTANBUL (GANZ RECHTS) IST TYPISCH FÜR VIELE GEBÄUDE ASIENS UND DES MITTLEREN OSTENS. DIESES KONZEPT, AUF WESTLICHE INTERIEURS ANGEWANDT, VERLEIHT IHNEN EIN EXOTISCHES FLAIR. DIE EINZELNEN FLÜGEL EINES HÖLZERNEN GITTERPARAVENT AUS VIETNAM (LINKS) KÖNNEN ALS BEWEGLICHE WAND EINGESETZT WERDEN, UM DIE RÄUMLICHE AUFTEILUNG EINES ZIMMERS NEU ZU ORGANISIEREN, ABER AUCH ALS UNGEWÖHNLICHER FENSTERSCHMUCK DIENEN. WENN SONNENLICHT DURCH DIE KOMPLEXEN MUSTER DES FEINGESCHNITZTEN HOLZWERKES FÄLLT, ENTSTEHEN IM GANZEN RAUM INTERESSANTE SCHATTENSPIELE, WOBEI DER PARAVENT DENNOCH PRIVATSPHÄRE ERHÄLT. ER LÄSST SICH AN BEIDEN SEITEN EINES FENSTERS BEFESTIGEN ODER FREI BEWEGLICH AN SONNIGEN TAGEN VOR DIE FENSTER STELLEN. SEINE KUNSTVOLLEN MUSTER WERDEN DURCH DIE KLARHEIT DES VORDERGRUNDES AUSGEGLICHEN. FÜR DEN RAUM WURDE EIN SEHR AUFFÄLLIGER STUHL ITALIENISCHEN DESIGNS AUS DEN DREISSIGER JAHREN GEWÄHLT, BEI DEM DER SCHWUNG VON SITZ UND UNTERBAU DIE GESCHNITZTEN ARABESKEN DES GITTERWERKS AUFNEHMEN. DIE VERHALTENE PALETTE ERLAUBT ES, SICH AUF FORM UND DETAILS JEDES OBJEKTES ZU KONZENTRIEREN.

In den Schlüsselbereichen von Wänden, Fenstern und Möblierung erfordert jede Inneneinrichtung besondere Sorgfalt. Wände bilden den Hintergrund jeder Einrichtung; ihre Farbe und Struktur bestimmen nachhaltig Atmosphäre und optischen Eindruck eines Raums. Flexible Hintergründe sind besonders wichtig. In asiatischen Häusern bestehen sie traditionell aus Naturmaterialien. Holz, Stroh, Erde, Ton, Bambus und Papier liefern schon beim Bau eine Struktur- und Farbgrundlage, die einen natürlichen, organischen Hintergrund für die dekorativeren Details des späteren Interieurs abgibt.

Farben, welche die Schattierungen von Holz und Ton, den silbrigen Schimmer von Metall oder die ruhigen gebrochenen Weißtöne von Kalkanstrich und Putz aufgreifen, eignen sich wegen ihrer Vielseitigkeit besonders für Wandanstriche. Sie geben Räumen einen neutralen, entspannten Hintergrund aus Weiß- und Cremetönen. Zu diesen Farben lassen sich maßvolle Akzente setzen, zum Beispiel durch japanische Vorhänge oder Stoffe »westlicher« Muster in einem ansonsten japanisch inspirierten Raumraster. Anders strukturierte Naturtöne erinnern an Stein, Elfenbein, Nessel und Pergament oder können in Taupe, Ocker oder Terrakotta übergehen.

Form und Muster werden zudem von der Funktion bestimmt: In den Querbalken der Decken wiederholen sich die rechten Winkel der Wandschirme aus Reispapier, ein reich mit Borten besetzter Vorhang greift das komplizierte Gitterwerk eines Holzparavents auf. Zusätzliche »Wände« wie Bögen und Wandschirme bringen eigene Formen ins Spiel, gliedern aber auch den Raum. Solche Formen bieten sich zur Rhythmisierung des Raumes an. Nischen oder Wandvorsprünge lassen große leere Flächen weniger monoton erscheinen.

Auch Lichteinfall und Größe eines Zimmers müssen beim Entwurf seiner Einrichtung berücksichtigt werden. Ein riesiger Raum, in den durch große Studiofenster Sonnenlicht fällt, sieht in Weiß hinreißend aus, ein kleines, dunkles Hinterzimmer mit nur einem nach Norden gelegenen Fenster kann mit demselben Anstrich schlicht schmuddelig wirken. Wer einen kleinen, dunklen Raum einrichtet, kann versuchen, das wenige Licht optimal zu nutzen und den Raum in Weiß oder Creme, abgetönt mit wärmeren Farben, zu streichen. Mutiger wäre es, einen solchen Raum dunkel zu streichen und ihn damit so ungewöhnlich wie einladend zu gestalten. Kleine Räume gewinnen am meisten durch konsequente Farb- und Stilkonzepte. Farbige Wände findet man in der gesamten europäischen Kulturgeschichte, von traditionellen englischen Landhäusern bis zu hellen mediterranen Wänden. Solche Farben, wohldosiert eingesetzt, passen sehr gut in unser Einrichtungskonzept. Der Blick in ein knallrotes Badezimmer

DAS PRINZIP DES WANDSCHIRMS LÄSST SICH IN DER DURCHBROCHENEN WAND ZWISCHEN BADEZIMMER UND SCHLAFZIMMER NOCH EINEN SCHRITT WEITERENTWICKELN. DIE WAND ZWISCHEN DEN URSPRÜNGLICH GETRENNTEN RÄUMEN WURDE DURCH EINE HALBHOHE WAND ERSETZT, DEREN ÖFFNUNGEN ZUDEM DEKORATIVE ABSTELLFÄCHER FÜR FLACONS UND BEHÄLTER BIETET. DIESE ART DER WANDGESTALTUNG IST IN WÄRMEREN GEFILDEN WIE HIER IN RAJASTAN (RECHTS) DURCHAUS GELÄUFIG, WEIL DADURCH FÜR GRÖSSEREN LICHTEINFALL UND BESSERE LUFTZIRKULATION GESORGT WIRD.

schafft einen erfrischenden Gegenpol in einem ansonsten neutral gehaltenen Haus. Ein Studierzimmer in dunklem Smaragdgrün, das versteckt im Dachgeschoß oder Keller liegt, setzt ein Zeichen für das gesamte Haus und bildet einen unerwarteten und daher umso erfreulicheren Kontrast.

Kleine, dunkle Zimmer gewinnen eine völlig neue Atmosphäre, werden sie mit durchbrochenen Wänden »erweitert«. In indischen und japanischen Häusern finden sich solche durchbrochenen Wände oder Nischen öfters, in die man dort je nach Jahreszeit oder Feiertag Blumenvasen oder Heiligenstatuen stellt. Trennwände eignen sich dazu besonders gut. Sie sind lichtdurchlässig, schaffen Stauraum oder Platz für ein Arrangement schöner Glasgefäße oder kleiner Kunstwerke. Eine Nischenwand zwischen Schlafzimmer und Badezimmer wirkt weniger trennend als verbindend und gewährleistet trotzdem eine gewisse Abgeschlossenheit der Privatsphäre. Ebenso lassen sich Küche und Eßecke oder Arbeitsecke und Wohnraum voneinander abtrennen.

Auch mit Stoff lassen sich Wände gestalten; er bietet unerwartete Strukturkontraste und eignet sich besonders, um ohne viel Farbe prunkvolle Wirkungen zu erzeugen. Ein Raum läßt sich schnell und effektiv verändern, indem breite Stoffbahnen in regelmäßigen Abständen wie chinesische Schriftrollen an die Wand gehängt werden. Diese Streifen – an der Decke befestigte, gebügelte Nesselbahnen – erinnern an die japanischen *Nobori* (schmale

DER NATÜRLICHE FALL AUCH PREISWERTER STOFFE WIE DIESER BAUMWOLLBAHNEN, DIE VON EINEM INDISCHEN WEBSTUHL HÄNGEN, IST AN SICH SCHON ELEGANT. IN DIESEM KLEINEN UND EINFACHEN ESSZIMMER DIENEN KATTUNBAHNEN ALS EINZIGE WANDDEKORATION. DIESE WEISSEN BAHNEN SIND EBENSO EFFEKTIV WIE FLEXIBEL – AUF EINER STOFFBESPANNTEN WAND ANGEHEFTET ODER AUF LATTEN BEFESTIGT, KÖNNEN SIE LEICHT UMGEHANGEN ODER GANZ WEGGENOMMEN WERDEN.

Baumwollbanner) und wirken leichter und luftiger als eine Bilderwand. Eine Stoffbahn, an Haken aufgehängt, wirkt elegant wie ein Baldachin und lockert ansonsten streng eingerichtete Zimmer auf.

Stoffbanner können eine Sammlung wie optische Säulen einrahmen. Solche Ideen können Ausgangspunkt einer ganzen Zimmereinrichtung werden. Kalligraphierte Schriftrollen bilden einen ungewöhnlichen Blickfang über einem dekorativen Stilleben oder ergeben rechts und links eines Spiegels ein eigenes Arrangement. Farbe und Stil der Banner sind ganz nach Bedarf veränderbar; so läßt sich ein Raum immer wieder neu gestalten, ohne viel für die Renovierung auszugeben. Auch dies entspricht asiatischer Philosophie: Stete Betrachtung ständig derselben Kunstwerke stumpft ab. So werden in China und Japan Sammlungsstücke oder Kalligraphien je nach Jahreszeit, Feiertag oder Besucher regelmäßig gewechselt und umgehängt. Traditionelle japanische Haushalte besitzen durchschnittlich etwa zwanzig dekorative Schriftrollen, von denen aber immer nur eine oder zwei gleichzeitig hängen, die alle paar Wochen ausgewechselt werden.

Neutrale Hintergründe sind variabel. Hier läßt sich die Atmosphäre mit ein paar Handgriffen verändern: mit einem Stapel riesiger Sitzkissen in leuchtenden Farben und einem opulenten orientalischen Überwurf oder, streng monoton, mit schwarz-weißen Drucken in präzise ausgerichteten Reihen. Ein einziger, gut gesetzter Akzent kann einen neutralen Raum so effektiv verändern wie eine komplette Renovierung, und einzelne, auffallende Möbelstücke kommen vor solchem Hintergrund besonders gut zur Geltung.

Auch neutrale Hintergründe haben jedoch ihre Tücken, und eine schlichte weiße Wand kann erstaunlich viele Schwierigkeiten machen. Alte weiße Anstriche wirken neben den hartweißen Farben des zwanzigsten Jahrhunderts wie mattes Beige oder Creme. Optische Aufheller – jene Chemikalien, die das strahlendste Weiß Ihres Lebens versprechen – wurden erst in den Zwanziger Jahren dieses Jahrhunderts erfunden. Wie »weiß« eine Farbe wirkt, hängt vom Anteil optischer Aufheller ab – je weniger, desto weicher und stumpfer wirkt das Weiß. Wer in einem alten Haus lebt, kann zu dem Schluß kommen, daß sich hartweiße, hochglänzende Farben nicht mit historischen Umgebungen vertragen. Weißtöne fallen überdies je nach Struktur oder Material verschieden aus. Weiße Wände wirken wärmer und weicher, wenn Möbel und Einrichtung in natürlichen Tönen und Materialien gehalten sind wie Holz, Leinen, Stein, Korbgeflecht, Terrakotta oder Marmor, zu grelleren Farben hingegen bilden sie einen stärkeren Kontrast.

MIT STOFF LASSEN SICH SPEKTAKULÄRE EFFEKTE ERZEUGEN, ABER AUCH EINFACH NUR UNANSEHNLICHE STELLEN VERDECKEN. IN DIESEM GÄSTEZIMMER WURDE TARTANSTOFF ALS ELEGANTER BALDACHIN GEWÄHLT UND ÜBER EINE EISERNE STANGE GEHÄNGT – EIN SIMPLES ARRANGEMENT, DAS FAST OHNE AUFWAND HERZUSTELLEN IST. STOFFE WIE DER MATRATZENDRELL (RECHTS) SIND SCHICK UND BIETEN EINE KOSTENGÜNSTIGE ALTERNATIVE ZU TAPETEN UND MALERARBEITEN; SIE SIND AUF DIE WAND ZU KLEBEN ODER NOCH EINFACHER ANZUHEFTEN.

Strukturierte Farbeffekte bilden eine fast vergessene Alternative zu reinweißen Wänden und wirken besonders gut, weil sie neutralem Weiß oder Creme mehr Tiefe verleihen und stärkere Farben brechen. Diese Technik nimmt großen Farbflächen außerdem etwas von ihrer Strenge, und erinnert an die verwitterten, unregelmäßig farbigen Hauswände Indiens oder Marokkos bzw. die alten Anstriche venezianischer Paläste. Kräftige oder neutrale Farben gewinnen durch einfache Auftragstechniken wie Lasieren auf glattem oder geschwämmtem Untergrund an Tiefe. Durch den Auftrag mehrerer farbloser Lackschichten lassen sich Tiefenwirkung und Farbqualität noch verstärken. Bei Farblasuren trägt man über einer Grundierung verdünnte Farbe in mehreren Anstrichen so auf, daß die Grundierung noch durchscheint. Dabei wird von Hell nach Dunkel gearbeitet (z.B. erst Hell-, dann Mittel- und Dunkelgrün).

Mit Polsterstoff bespannte Wände erzeugen eine ganz andere Atmosphäre; sie bilden eine echte Alternative zu Wandanstrichen oder Tapeten und verdecken außerdem Mängel. Wer Polstertechniken raffiniert anwendet, kann hier ganz ungewöhnliche Effekte erzielen. Gestreifter Matratzenstoff ist nicht nur billiger, sondern wirkt auch theatralischer als gestreifte Tapete, besonders, wenn man ihn arbeitssparend und dekorativ mit Schrägband säumt. Auch Sackleinen, Matratzendrell oder billiges Polsterleinen können, auf schlecht verputzte Wände geklebt oder getackert, sehr dekorativ wirken – zudem eine gute Übergangslösung, bis man Zeit oder Geld für die Renovierung hat.

KALLIGRAPHIE IST SOWOHL KUNST ALS AUCH POESIE – ANGEFANGEN BEI DEN ISLAMISCHEN SCHRIFTZÜGEN EINES PALASTES IN ISTANBUL BIS HIN ZU JAPANISCHEN SCHRIFTROLLEN. DIE WIEDERHOLUNG EINES MOTIVS (DIE KALLIGRAPHIE DER SCHRIFTROLLE WIRD IN DER SCHRIFT DES POLSTERBEZUGS ELEGANT ZITIERT) FASST EINEN RAUM VOLL VERSCHIEDENSTER OBJEKTE AUS ALLER WELT UNAUFDRINGLICH ZU EINEM GANZEN ZUSAMMEN, WAS DURCH DEN ZURÜCKHALTENDEN HINTERGRUND NOCH UNTERSTRICHEN WIRD.

Es lohnt sich, darüber nachzudenken, wie Wände als Stauraum zu nutzen sind. Die meisten Familien haben heute, unabhängig von Herkunft oder Abstammung, mehr Besitz als die Generationen vor ihnen. Immer mehr Menschen arbeiten zu Hause und müssen Kisten, Papiere und Akten, Schreibzeug und Nachschlagewerke verstauen. Kinderspielzeug muß man ständig wegräumen, wenn es sich nicht im ganzen Haus ausbreiten soll. Darum sind Regale und Stauraum für Kisten so wichtig. Menschen brauchen Platz für ihre Leidenschaften, ob das nun eine fünfzig Paare umfassende Schuhsammlung oder ein Satz Golfschläger ist – und das in einer Welt, in der Platz immer kostbarer wird. Intelligente Lösungen sind gefragt, will man seinen ständig wachsenden Besitz unterbringen, ohne unnötig Wohnraum zu opfern. Im Westen gab es dafür schon lange Kommoden, Kleider- und andere Schränke. In asiatischen Häusern gibt es diese Aufbewahrungsmöbel seltener: Hier hängt man alles an Haken auf oder verstaut es in Hängekörben. In einer Welt ohne Schränke und Schubladen entwickelt sich bei der Anordnung von Messern, Pinseln und anderen Haushaltsartikeln eine eigene Ästhetik. Töpfe, Vasen und Krüge oder Ordner und Kisten mögen mit schönen, einfachen Linien verziert sein, haben aber immer auch eine durchaus praktische Funktion für Küchenzutaten, Stifte, Papier oder Pinsel. Wiederholung und Ordnung sind die Schlüsselworte: Eine Wand weißgestrichener Regale läßt erkennen, wie Stauraum zum eigenständigen Teil einer Einrichtung wird. Naturfarbene Kartons, nach Größe geordnet, bewirken ein ruhiges, ordentliches Gesamtbild, in dem diverser unansehnlicher Kleinkram verschwindet. Die horizontalen und vertikalen Linien des Regals werden

La
Marie D'orléans

4144
3965

Teil der Raumstruktur. Wände lassen sich auf unzählige Arten gestalten. Ausgehend von einer klaren Wandgestaltung und mit Gespür dafür, was sich von selbst ergibt, läßt sich jede architektonische Umgebung verwandeln – von minimalistisch nackten Loftmauern in New York bis zu den gestrichenen Wänden eines typischen Appartments. Neutrale, natürliche Flächen werden mit den Jahren immer schöner und gewinnen durch Abnutzung oder Verwitterung mehr Tiefe und Struktur; vor allem aber bleiben sie unberührt vom Auf und Ab der Moden und bewahren ihren eigenen klassischen »Look«.

DIE GANZE WAND DIESES ARBEITSZIMMERS WURDE ZUR ABSTELLFLÄCHE FÜR DIE UNTERSCHIEDLICHSTEN SCHACHTELN UND ORDNER. DIE FARBEN SIND NEUTRAL GEHALTEN: DIE WÄNDE WEISS, DIE SCHACHTELN UND ORDNER CREMEFARBEN. DER SCHLÜSSEL DER GESTALTUNG LIEGT EHER IM GEGENSATZ VERSCHIEDENER MATERIALIEN WIE LEDER UND PAPPE, HOLZ UND METALL, NICHT SO SEHR IN DER FARBE. IN SO KLEINEN RÄUMEN KANN JEDES MUSTER, JEDE FARBE – AUCH WENN SIE NOCH SO GUT AUFEINANDER ABGESTIMMT SIND – SCHNELL CHAOTISCH WIRKEN.

FENSTER

BODENLANGE LEINENVORHÄNGE ERSCHEINEN DURCH GROSSE EINFASSUNGEN GEOMETRISCHER. EINFACHE LEINENROLLOS WERDEN HINTER DEN VORHÄNGEN BEFESTIGT UND MIT SCHWARZEN SCHLEIFEN HOCHGEBUNDEN, WAS DIE LINIEN DES FENSTERS HERVORHEBT. SCHLEIFEN AUS SEIDE, SAMT ODER BAUMWOLLE IN KONTRAST-FARBEN HALTEN DIE ROLLOS IN IHRER GEWÜNSCHTEN POSITION. SCHLICHTE PAPPROLLEN HALTEN DAS ROLLO IN FORM UND ROLLEN ES ORDENTLICH AUF.

Die Fenster in typischen Häusern Japans, Chinas oder Indiens sind traditionell einfach gehalten. Stoffe, besonders aber Vorhänge waren im Westen seit jeher wichtige dekorative Elemente, die bis ins 20. Jahrhundert immer üppiger wucherten. In den letzten Jahren entwickelte sich nun ein weniger überladener Stil: Entweder wird die Klarheit orientalischer Rollos übernommen, denen dann ein üppiger Knoten aus Samt ein gewisses Etwas verleiht, oder die reichen Stoffbahnen traditionell europäischer Fenster werden vereinfacht und gewinnen ein kontrolliertes, zurückhaltenderes Gepräge.

Im Westen waren Stoffe nicht nur Stil-, sondern auch Statussymbol, für das es in Japan kein Äquivalent gibt, obwohl hier wie dort vergleichbare Temperaturen herrschen – in Japan ist es oft sogar kälter. Während europäische Häuser mit ihren stoffdrapierten Fenstern immer Festungen gegen Wind und Wetter waren, gestalteten in alten japanischen Landhäusern Schiebetüren und -wände den Gegensatz zwischen Außen und Innen fließender. Seit dem 15. Jahrhundert zeugten in Europa schwere Überwürfe und Vorhänge, Wandteppiche und verzierte Brokatstoffe von Reichtum und Rang, in Japan aber war schon ein einfaches Paneel aus fein gewebter Seide eines Kaisers würdig. Weiße Seide war in China ein Luxusgut, daher Zeichen persönlichen Wohlstands und wurde nie um Fenster und Türen herumgehängt.

In Übernahme dieser Statussymbole haben viele französische Stilrichtungen – verzierte neo-klassizistische Falbeln, raffiniert drapierte, vergoldete Simse und festonierte, verzierte Querbehänge etc. – die Gestaltung unserer Fenster beeinflußt. Das Konzept der Fenster als Mittelpunkt eines Raums verbreitete sich über ganz Europa; und bis heute haben höchstens

RATTAN, BAMBUS UND KORBGEFLECHT EVOZIEREN OFT BILDER DES TRADITIONELLEN LEBENS IN ASIEN, WO DIESE MATERIALIEN ALLGEGENWÄRTIG SIND. RATTAN FINDET SICH AUCH IN DEN SCHLAFZIMMER-ROLLOS (KLEINES BILD RECHTS). SCHWARZE ROLLOS WIRKEN NOCH EXOTISCHER ALS NATURFARBENE (OBEN). HIER WURDE DIESER EFFEKT DURCH EINEN GROSSEN HAKEN NOCH UNTERSTRICHEN, AN DEM NORMALERWEISE MOSKITONETZE AUFGEHANGEN WERDEN. UNGEWÖHNLICHE ACCESSOIRES WIE DIESES VERLEIHEN EINER KOMPOSITION SCHNELL ETWAS GEHEIMNISVOLLES.

Kamin und Kaminsims eine höhere dekorative Bedeutung. Dieser relativ üppige Stil dominiert bei uns bis heute das übliche Aussehen von Fenstern.

Es fällt leicht, sich von den dekorativen Aspekten der Fenster hinreißen zu lassen und darüber ihre eigentlichen Funktionen zu vergessen; nämlich die kontrollierten Lichteinfalls und dennoch gewahrter Privatsphäre. Bambus- und Rattanrollos aus tropischen Gefilden vermögen einfallendes Licht gut zu filtern, doch bei ausfallendem Licht bieten sie kaum Privatsphäre. Stellt dieser Umstand ein Problem dar, müssen die Rollos mit Stoff unterfüttert werden. Leicht durchscheinende Materialien – Leinen, Baumwolle, Musselin – können ungefüttert verwendet werden, um Licht zu filtern, und schaffen so schnell die gewünschte Privatsphäre. Ungefütterte Rollos, auf halbe Fensterhöhe heruntergelassen, verdecken unliebsame Aus- und Einsichten auf einfache Art, sind dafür geeigneter als Tüll- oder Spitzengardinen. In Schlafzimmern soll oft das Licht von Straßenlaternen oder die Morgensonne abgehalten werden; dafür müssen die Rollos natürlich unterfüttert und mit Einlagen versehen werden.

Gänzlich unterfütterte Raffrollos eignen sich auch für luxuriösere Draperien: Diese Kombination bietet sich gerade bei ausgefalleneren Fenstergestaltungen an, da die Rollos bewegt werden können, ohne das sorgfältige Arrangement oder die empfindlichen Stoffe der eigentlichen Gardinen zu behindern. Rollos können so antiken Stoffen zu längerem Leben verhelfen – das Zuziehen von Vorhängen und das andauernde Drapieren sind die Hauptursachen für Abnutzungserscheinungen. Darüber hinaus schützen Rollos natürlich auch vor Sonnenlicht.

Rollos sind in kleineren Räumen besonders nützlich, wo Vorhangfalten wertvollen Platz besetzen, andererseits äußerst praktisch, wenn es darum geht, wertvolle Stoffe vor Abnutzung und Lichteinfall zu schützen. »Einfach« muß dabei nicht gleichbedeutend mit »langweilig« sein, und unauffällige Dekorationskniffe wie Bänder oder ungewöhnliche Knoten, um die Rollos hochzubinden, machen aus der Gestaltung eines Fensters immer etwas Besonderes.

Wichtig ist immer wieder die eigene Lebensvorstellung – Rollos, die die meiste Zeit halb heruntergelassen sind, sollten vielleicht mit eleganten Bändern in kontrastierendem Schwarz oder Marineblau, die an einen Kimonogürtel erinnern, ergänzt werden. Diese Bänder werden etwa auf einem Viertel der Gesamtlänge auf beiden Seiten des Rollos angebracht und unten zu kunstvollen Knoten zusammengebunden. Ein anderer ungewöhnlicher Kniff wäre zum Beispiel ein Angelhaken für die Fliegenfischerei, der – in ein Band eingeknotet – dann mit seinem metallenen Schimmer für einen Hauch Fernost sorgt. Bei Rollos, die öfter hoch- und runtergelassen werden, fügen große Quasten am unteren Rand oder beiden Seiten ohne

AUS ALT MACH NEU: ANTIKE VORHÄNGE BEKOMMEN IN KOMBINATION MIT EINEM ROLLO AUS LEINEN EINE NEUE CHANCE (GANZ LINKS). WEDER DER QUERBEHANG NOCH DER VORHANG HATTEN DIE RICHTIGE GRÖSSE: ALSO LÄUFT DER QUERBEHANG ÜBER ZWEI FENSTERBREITEN, UND DIE VORHÄNGE FALLEN AUF DEN BODEN HERAB.
TRODDELN MACHEN AUS UNAUFFÄLLIGEN FENSTERBEHÄNGEN EINE AUGENFREUDE (LINKS).
RIESIGE SAMTVORHÄNGE WIRKEN SPEKTAKULÄR (NÄCHSTE SEITE). UM GRÖSSTE FÜLLE ZU ERZIELEN, WERDEN DIE VORHÄNGE OBEN ZUSAMMENGENÄHT UND MÖGLICHST WEIT UNTEN ZURÜCKGEBUNDEN.
DAS TIEFE INDIGOBLAU EINES JAPANISCHEN KIMONOS GAB DIE GRUNDIDEE FÜR DIESE FARBZUSAMMENSTELLUNG.

großen Aufwand einen Touch Luxus hinzu. Natürlich lassen sich die Ränder auch in breite, kontrastierende Bänder fassen: Marineblau oder Schwarz auf Rollos in Creme, oder vielleicht Creme auf natürlich taupefarbenem Leinen.

Das traditionelle Bambus- oder Rattanrollo paßt genauso in einen zeitgenössisch minimalistischen Raum wie in ein Bauernhaus oder als friedlicher Hintergrund in üppigere Gemächer. Hinter einem Rollo bleiben Größe und Form eines Fensters sichtbar, ob es sich nun um ein flaches Flügelfenster oder ein Schiebefenster handelt. Rollos sparen Platz – kleine Hexenhäuschen genauso wie überfüllte Studios erscheinen klarer, weniger durcheinander. Hölzerne Jalousien fügen sich in solche Umgebungen auch gut ein – sie sind wärmer und »organischer« als solche aus Metall, wirken aber ebenso modern.

Die grundsätzliche Idee eines strukturierten, naturfarbenen Rattanrollos läßt sich auch mit anderen Materialien umsetzen – seien es Sackleinen, Flachs oder Baumwolle oder, etwas luxuriöser, Leinen und Seide. Ein Vorteil bei der Verwendung von Stoffen besteht darin, daß sie praktischer zu handhaben sind: Rattan und Bambus dunkeln durch Sonnenlicht nach und müssen zudem entstaubt werden, Stoffrollos kommen in die Reinigung. Raffrollos sind mit

ihren anmutigen Falten besonders attraktiv. Einfachere Versionen des Raffrollos zeigen keine Rüschen oder komplizierte Falten, beleuchten aber die Struktur eines Stoffes ebensogut. Solche Rollos legen mehr Wert auf Nuancen und Stoffstrukturen wie etwa unebene Wildseide oder knittriges, grobgewebtes Leinen. Darüber hinaus sind sie immer eine gute Lösung für Fenster von ungewöhnlicher Form – zum Beispiel runden Oberlichtern; Fenster rufen oft Assoziationen hervor, welche gerade von nüchternem Beiwerk am wenigsten gestört werden.

Gegenseitige Befruchtung inspiriert immer: Der Genuß westlicher Fenstergestaltung in Verbindung mit etwas ökonomischeren, asiatischen Vorstellungen macht da keine Ausnahme. Die Gestalt der Fenster sollte vor allem mit der Architektur des Hauses übereinstimmen: Die großzügig proportionierten europäischen Fenster wurden im Hinblick auf üppige Vorhänge entworfen. Im Gegensatz dazu erweckt asiatische Architektur nicht den Eindruck, als ob Fenster die »Augen« eines Hauses wären. Ein traditionelles chinesisches Haus wendet der Straße geschlossene Wände zu; die Fenster gehen zum Hof oder zum Garten. Ähnlich verhält es sich bei japanischen Häusern, wo die großen Schiebetüren, die ja als Ersatz für Fenster dienen, auf keinen Fall durch Unmengen von Stoffen verhangen werden. Westliche Architektur legt seit jeher großen Wert auf Fenster und ihre Gestaltung;

OPFERGABEN IN EINEM BALINESISCHEN TEMPEL (GANZ RECHTS) WERDEN DURCH EINEN VORHANG MIT QUERBEHANG ABGESCHIRMT.

LANGE LEINENVORHÄNGE WERDEN VON RAFFERN ZURÜCKGEHALTEN (OBEN), UND EIN EINGEFASSTER STOFF, DER ÜBER EINER GARDINENSTANGE HÄNGT, FUNGIERT ALS QUERBEHANG (RECHTS).

große, lichte Fenster heben den Wohnwert wie auch den monetären Wert eines Hauses ganz erheblich.

Scheinen Rollos ungeeignet, sollte der Raum groß genug sein, so daß die schiere Stoffmenge ihn nicht erdrückt. Bodenlange Vorhänge eignen sich für große Räume, doch bei den Erkerfenstern eines kleinen Cottages verzerren sie die Proportionen und bewirken ein Gefühl der Enge; hier sind bäuerliche Vorhänge bis zum Fensterbrett genau richtig. Andererseits bieten Vorhänge in allen Fenstern die Möglichkeit, sich innerhalb der Grenzen verhaltener Ästhetik »auszutoben«. Vorhänge in Überlänge erlauben elegante Stoffwirbel auf dem Fußboden. Sie wirken besonders schön in alten Häusern, die sich leicht gesenkt haben und deren Böden und Wände unregelmäßig geworden sind. Solche Unebenheiten lassen sich durch die zusätzliche Stofffülle hervorheben wie auch verdecken. Die Breite eines Vorhangs ist ebenso wichtig wie seine Länge – als Faustregel rechnet man hierbei zweieinhalbmal die Breite eines Fensters; wird aber nur ein geschlossener Vorhang vor das Fenster gezogen, der tagsüber einseitig zurückgeschoben wird, reicht schon die eineinhalbfache Breite aus.

Vorhänge können aus jedem Stoff bestehen, doch natürliche Materialien wie Leinen, Seide, Baumwolle, Kattun oder Samt eignen sich wohl am besten. Nochmals sei erwähnt, daß der Haupteindruck durch Struktur und Fall des Stoffes sowie durch einige dekorative Handgriffe entsteht. Einfarbige Vorhänge und Rollos sind flexibler und einfacher zu handhaben als ein Gewirr aus Blumen oder *toile de jouy*, auch wenn diese noch so schön sind. Auch ungemusterte Stoffe können luxuriös wirken – man denke an dichte, tiefblaue Samtvorhänge, eventuell noch mit großen Troddeln verziert, um sie zurückzuhalten. Sie können frei vor einem Fenster hängen, was einen seltsam exotischen Effekt erzielt, oder streng zurückgezogen werden, um soviel Licht wie möglich hereinzulassen. Farben wie Marineblau, Creme oder Weiß passen zu vielen Einrichtungsideen. All die angeblich so verspielten »Schlafzimmer«-Vorhangstoffe mit passenden Stuhlbezügen und Kissen führen tatsächlich zu einem Verlust ästhetischer Beweglichkeit.

Accessoires schaffen interessante Blickfänge. Kleine »Tricks« wie kontrastierende Saumbänder an Vorhängen verstärken die Fensterform und unterstreichen gleichzeitig effektvoll den Fall des Stoffes. Querbehänge – und seien sie noch so kunstvoll – verschleiern die natürlichen Linien eines Fensters eher als sie zu akzentuieren. Befindet sich jetzt vor einem Fenster ein solcher ausgeprägter Querbehang, wird das Zimmer sicherlich neu belebt, wenn er verschwindet und die Vorhänge streng zurückgebunden werden – eine einfache und schnelle Methode,

Licht und damit Leben hereinzulassen. Große Troddeln oder geschnitzte Holzbossen verleihen beim Zurückbinden auch den bescheidensten Stoffen noch eine Spur von Erhabenheit oder Exotik.

Jede Regel kennt bekanntlich Ausnahmen; so ist es immer erfrischend, auf visuelle Überraschungen oder auch Hemmungslosigkeiten zu treffen: Gerade auch in »unmöglichen« Kombinationen verbirgt sich oft viel Persönlichkeit. Es gibt einige traditionelle Stoffe mit asiatischem Touch – Crewel-Stickerei und Paisley kommen aus Indien, Streifen findet man überall von Konstantinopel bis Japan, und bei vielen Chintzsorten läßt sich chinesischer Einfluß nachweisen. In unserem Dialog geht es hauptsächlich darum, Einflüsse aus verschiedenen Erdteilen miteinander zu verschmelzen, um so individuelle Spielarten zu befördern – alles ist also möglich. So kann ein reizvoller *toile de jouy* aus Frankreich, ein würdevoller ländlicher Chintz aus England oder ein blumiger Cottagedruck zum Hauptakzent in einem ansonsten neutralen Interieur werden – oder auch ein dekoratives Merkmal, das einem kleineren Zimmer wie einer Garderobe, einem Frühstückszimmer oder einem Gästezimmer eine bestimmte Note gibt.

In asiatischen Kulturen wird nichts verschwendet – und die dahinter stehende Einstellung empfiehlt sich eigentlich auch für westliche Haushalte. Statt alte Stoffe oder »unmodische« Vorhänge auszumustern, sollten sie neues Leben gewinnen. »Opulent« ist nicht unbedingt gleichbedeutend mit »extravagant«, Luxus nicht dasselbe wie Verschwendung. Ausgeblichene, aber erlesene Brokat- und Samtvorhänge können in anderen Zimmern für Freude sorgen. Nichts muß dabei verändert oder beschädigt werden. Statt einen alten Vorhang zu zerschneiden oder auszubessern – was den brüchigen Stoff zusätzlich beschädigen könnte und wonach er in anderen Fenstern wahrscheinlich nicht mehr passen würde –, wird er einfach umgehängt und erfreut mit seinem luxuriösen Stoff, der in kräuselnden Wellen über den Boden streicht. Dahinter hängen dann wiederum Rollos, die ihn schützen. Auch bei Umzügen gibt es keinen Grund, mit völlig neuen Vorhängen anzufangen – alte Vorhänge lassen sich mit Kontrastbändern am Saum neu beleben, mit seidenen Stricken und Troddeln zurückbinden und eventuell mit dünnen, zarten Untervorhängen auffüttern. Neu arrangiert, beeindrucken gerade altgediente Vorhänge. Bei der Fenstergestaltung ist vor allem wichtig, welche Rolle sie im Raum spielen: Sind sie optischer Mittelpunkt – in welchem Falle sie ungewöhnlicher gestaltet sein können – oder eher Teil eines neutralen Hintergrundes? Erst nach dieser Entscheidung sind die Details auszusuchen, die jedes Fenster einzigartig werden lassen.

DAS KOMPLIZIERTE MUSTER EINES ANTIKEN BUCHARA-TEPPICHS (LINKS) ZEUGT VON DER KUNSTFERTIGKEIT DES TRADITIONELLEN HANDWERKS. ÄHNLICHES KANN IN CREWEL-ARBEITEN GEFUNDEN WERDEN, EINEM STICKEREI-STIL, DER VON VERWEGENEN BLUMENMUSTERN GEPRÄGT IST UND DIE MUSTER DIESES VORHANGS BEEINFLUSST HAT (OBEN).

MÖBEL

Wer sich das Beste aus anderen Kulturen aneignet, muß deshalb nicht seine eigene über Bord werfen. Ob man im Osten oder Westen lebt – der erste Schritt zu neuen, auf die eigenen Bedürfnisse zugeschnittenen Interieurs besteht darin, daß man sich seine Einrichtung genau ansieht und manchen Stücken gegebenenfalls eine neue Rolle zuweist. Ein Raum gewinnt ungewohnte Akzente, wird traditionelles Mobiliar einmal anders eingesetzt. Anregungen aus anderen Ländern sind hierfür wichtig – in Indien sitzt man zum Beispiel auf Kissen, also gibt es keinen großen Bedarf an Stühlen. In Japan sind die Interieurs ruhig, klar und geordnet; die Unmengen an dekorativem Kleinkram, die für westliche Wohnungen so typisch sind, sucht man hier vergebens. In China gibt es zwar unglaublich dekorative Möbel und Kunstgegenstände, nicht aber die überladenen Möbel wie in manchen englischen Landhäusern. Möbel sind im Osten meist multifunktional, im Westen dagegen hat jedes Stück eine ganz bestimmte Funktion: Küchenstuhl und Wohnzimmerstuhl können sich stark voneinander unterscheiden.

Ein zentrales Thema dieses Stil-Dialogs ist Holz in jeder Form – antik oder modern, liebevoll poliert oder elegant lackiert, mit kostbaren Intarsien oder verwittert und abgenutzt. Möbel unterscheiden sich von Kontinent zu Kontinent, und können in verschiedenen Kulturen ganz unterschiedlichen Zwecken dienen. Der Couchtisch des Westens zum Beispiel hat seinen Ursprung vermutlich in den langen, niedrigen Tischen Japans. Eine schön geschnitzte indische Tür gibt eine wunderbare Tischplatte ab. Als Beistelltisch kann man alles Mögliche benutzen, von der lackierten Reistonne bis zu einem Bücherstapel. Leder- oder Holzkoffer, lackierte burmesische Reiskörbe, runde Kirschbaumkommoden, Säulen aus Abbruchhäusern oder asiatischen Tempeln haben die richtige Form und Größe und wirken durch ihre Aura von Reisen und fernen Ländern wesentlich interessanter und eleganter als herkömmliche Beistelltische.

Die Natur als Inspirationsquelle des Designs findet man im Osten wie im Westen – im Osten bringt man Rohmaterialien pur zur Geltung und zeigt die Struktur von hochpoliertem Holz oder gewebten Matten, die westliche Welt hingegen entlehnt ihre Muster Blumen und Feldern. Durch Kontraste entsteht Spannung, wenn beispielsweise ein schönes Renaissancebild mit den klaren Linien eines modernen Schränkchens konfrontiert wird oder eine Schriftrolle neben einer Kommode aus dem 19. Jahrhundert hängt. Ein richtiges Zuhause entwickelt sich über Jahre, und dabei ergibt sich ganz natürlich ein Nebeneinander von Zeiten, Geschmacksrichtungen und Stilen.

Die wichtigsten Möbel bilden den Anfang: Sofas, Betten, Eßtische. Welche Funktion müssen sie erfüllen? Wie groß sollten sie sein? Wird jedes Zimmer fest möbliert, oder sind die Möbel

MÖBEL

AUSSERGEWÖHNLICHE KISSENDETAILS MACHEN EINEN STUHL INTERESSANTER. EIN VERSILBERTER STUHL (LINKS) WÜRDE MEISTENS MIT EINEM EXTRAVAGANTEN STOFF BEZOGEN, BEKOMMT ABER DURCH EINFACHEN KATTUN EINE ZEITGENÖSSISCHERE NOTE.

UM DIE KOMPOSITION ZU VOLLENDEN, SIND DIE KISSEN MIT MATRATZENDRILLICH ÜBERZOGEN UND MIT VIKTORIANISCHEN PERLENKNÖPFEN GESCHMÜCKT. EIN BURMESISCHER HOCHZEITSKORB WIRD ZUM UNGEWÖHNLICHEN BEISTELLTISCH – TROTZ IHRER VERSCHIEDENEN URSPRUNGSKULTUREN PASSEN SIE GUT ZUSAMMEN. DIE KISSEN KÖNNEN ZUDEM MIT SCHLEIFEN AUS KONTRASTIERENDEM PAISLEYMUSTER UND BÄNDERKREUZEN DEKORIERT WERDEN (OBEN).

TATSÄCHLICH IST ES DAS LEDER, WAS DIE VERSCHIEDENEN GEGENSTÄNDE IN DIESEM WOHNZIMMER MITEINANDER VERBINDET. DIE ALTEN KOFFER UND DER URALTE SCHRANKKOFFER SIND ALS SOFATISCH UND STAURAUM MULTIFUNKTIONAL, WÄHREND DIE IN LEDER GESCHLAGENEN BÜCHER SOWIE DIE HUTSCHACHTEL SIE OPTISCH ERGÄNZEN. DIE STÜHLE AN DER BAR SIND MIT ALCANTARA ÜBERZOGEN, EINEM STOFF, DER WIE WILDLEDER AUSSIEHT, ABER ABWASCHBAR IST.

EIN EINZELNER STUHL (OBEN) VOR EINEM FENSTER KANN ALS IMPROVISIERTER BEISTELLTISCH HERANGEZOGEN WERDEN. DIE KLASSISCHEN REGENCYSTREIFEN DES POLSTERS UNTERSTREICHEN DIE FORM DES STUHLES; FÄLLT DIE SONNE DURCH DAS FENSTER UND HEBT SEINE SILHOUETTE HERVOR, ZIEHT ER UNWILLKÜRLICH DIE AUFMERKSAMKEIT AUF SEINE ELEGANTEN LINIEN.

ständig in Bewegung von einem Raum zum anderen? Sollen sich vielleicht die privaten Räume von denen, in denen Gäste empfangen werden, durch ganz unterschiedliche Dekorationsstile abgrenzen? Heute, da Einladungen immer weniger formellen Charakter haben und Wohnraum knapp ist, nimmt das Bedürfnis nach speziellen Räumen mit besonderer Einrichtung rapide ab. Einst so wichtige Räume wie Eß- und Wohnzimmer, früher oft der einzige Teil des Hauses, den Besucher zu Gesicht bekamen, legt man heute vielfach zu einem multifunktionalen Wohnraum zusammen.

Lampen und Beleuchtung gehören ebenfalls zum Mobiliar und sollten so früh wie möglich in die Planung einbezogen werden. Viele Zeitgenossen meinen, sie könnten sich erst für die Beleuchtung entscheiden, wenn klar sei, wo die Möbel stehen. Meist gibt es aber nur eine oder zwei, höchstens drei Stellen in einem Raum, wo ein Sofa oder Bett überhaupt stehen können. Steckdosen und Lampenanschlüsse sollten so verlegt sein, daß das Zimmer später immer wieder nach Belieben zu verändern ist. In kleinen Wohnungen sind Wandlampen nicht nur effektvoll, sondern auch praktisch, weil Tischlampen und Beistelltische so wegfallen. Mit Dimmern läßt sich sekundenschnell eine andere Atmosphäre zaubern. Hängeleuchten in der Zimmermitte sind in letzter Zeit aus der Mode gekommen. Mit ihrer Hilfe lassen sich jedoch schöne Lichtakzente setzen, wie zum Beispiel mit Schalenlampen, die Licht an die Decke werfen und so sanfte, schmeichelnde Stimmungen schaffen. Dazu eignen sich Lampen aller Stile: eine klassische Glasschale der Dreißiger Jahre, eine Muschel in einem Gestell, ein moderner Deckenfluter oder die berühmte Fortuny-Lampe, deren riesiger Stoffschirm an einen umgedrehten chinesischen Regenschirm erinnert.

Denken Sie gerade in kleinen Räumen großzügig. Ein riesiges Möbelstück macht mehr Eindruck und ist oft praktischer als ein kleines. Ein drei- oder viersitziges Sofa braucht nicht viel mehr Platz als ein Zweisitzer, bietet aber mehr Platz und Bequemlichkeit. Zwei kleine Beistelltische nehmen viel Platz weg, ein niedriger, langer Tisch hingegen wirkt nobel und bietet eine größere Nutzfläche. Ein Stuhl läßt sich in eine Ecke oder im Flur an die Wand stellen – oder damit ein Stilleben zwischen zwei Vorhängen komponieren: ein Stuhl, ein Bild, zwei Kissen und ein Reisegefäß, gefällig arrangiert und jederzeit griffbereit. Traditionen neu definieren heißt, seine Möbel immer wieder anders nutzen, es heißt aber nicht, daß jedes Stück einen Platz finden muß. Ist ein Objekt wirklich ungeliebt und ungebraucht, gibt man es weg.

Nach der Entscheidung, welche Möbelstücke für das jeweilige Zimmer die wichtigsten sind, bieten sich meist nur ein oder zwei Stellen für sie an. Sofas plaziert man um den Kamin oder

Couchtisch, Betten gegenüber vom Fenster oder mit dem Rücken zu Kleiderschränken und Kommoden. Ist das Grund-Farbschema festgelegt und sind Wände und Fenster fertiggestellt, kommt die Atmosphäre an die Reihe. Wie bei der Entstehung eines Bildes, so setzt und verändert man nun Akzente und Details mit dem Wechsel von Jahreszeiten, Mode oder Lebensgewohnheiten.

Traditionelle Möbel mit unkonventionellen Bezügen sind sehr effektvoll. Die Maserung eines schönen Kirschbaumstuhles kommt sehr viel besser zur Geltung, wenn er mit schlichtem Baumwollstoff, Nessel oder Naturleinen bezogen ist. Elegante Möbelstücke, bezogen mit billigem Polsterleinen, spielen mit dem verblüffenden Kontrast zwischen grobem Stoff und poliertem Holz. Schöne Möbel verdienen allerbeste Behandlung, aber nicht unbedingt in Form teurer Bezugsstoffe. Qualität zeigt sich gleichermaßen in der Verarbeitung wie im Respekt für Details – ein guter, erfahrener Polsterer, der sein Handwerk versteht, ist es allemal wert, dafür schlichte, nicht so teure Stoffe wie z.B. Matratzendrell, Polsterleinen oder Nessel zu verwenden, die mit ausgefallenen Knöpfen oder schönen Bändern zu verzieren sind.

Polstermöbel bieten dem Inneneinrichter ein weites Feld für seine Kreativität. Vorher aber, um es noch einmal zu sagen, sollte ganz klar sein, wie das Ergebnis aussehen soll. Dann ist immer noch Zeit, sich in komplexen Einzelheiten zu verlieren, und zwischen Knöpfen und Haken, Borten und Schleifen zu entscheiden. »Weniger ist mehr«: Weniger, aber größere Möbel mit klaren Linien und einfarbigen oder strukturierten Bezügen wirken besser als ein Haufen kleiner, sperriger Möbelstücke. Größere Möbel fügen sich leichter ins Gesamtbild, das Wände, Vorhänge, Decke und Fußboden formen. Große Polstermöbel werden entweder Teil des Hintergrundes oder stehen als Blickfang im Mittelpunkt und bringen so Spannung in den Raum. Der Charakter eines in Naturtönen wie Creme, Hafer, Stein, Elfenbein, Kohle, Taupe oder Indigo gehaltenen Sofas läßt sich durch einen Überwurf oder Kissen in Sekundenschnelle verändern. Ein Sofa kann aber auch ein Eigenleben entfalten, wenn es, als einziger Farbtupfer im Raum, mit tiefviolettem Samt bezogen ist. Mit beiden Möglichkeiten läßt sich sehr gut leben. Soll das Sofa den wesentlichen Farbimpuls geben, muß diese Entscheidung allerdings reiflich erwogen sein. Wieviele Gegenstände in ähnlichen Farben werden um das Sofa herum gruppiert? Dürfen es vielleicht einige weniger sein? Die Farbgebung ist entweder konsequent – ein kleines, dunkel-smaragdgrünes Arbeitszimmer, in dem Wände und Möbel fast die gleiche Farbe haben, kann gemütlich sein wie ein grüner Kokon – oder stark kontrastierend: ein aufsehenerregendes, tiefviolettes Sofa in einem ansonsten ganz in gedämpftem Taupe, Silbermetallic

OPTISCH WEICHER UND FLIESSENDER ALS LAMPENSCHIRME SIND LATERNEN, DIE MAN ÜBERALL IN ASIEN FINDET (OBEN RECHTS). IHRE FILIGRANEN MUSTER UND DIE STARKEN HELL- DUNKEL- KONTRASTE WERDEN VON ORIENTALISCH INSPIRIERTEN BELEUCHTUNGEN AUFGEGRIFFEN.

GESTREIFTER POLSTERSTOFF VERLEIHT EINER DECKE MEHR CHARAKTER (UNTEN RECHTS). IM ZENTRUM HÄNGT EINE LAMPE, DIE DEN DREISSIGER JAHREN NACHEMPFUNDEN IST. DAS FARBIGE GLAS GIBT DIFFUSES LICHT AB – NICHT NUR SEITLICH, SONDERN AUCH NACH OBEN: DIE VIER SCHATTEN AN DER STOFFBESPANNTEN DECKE ERZEUGEN DIE ILLUSION EINES ZELTES.

HÄNGELAMPEN GIBT ES IN VIELEN VERSCHIEDENEN FORMEN UND STILEN: DIE GIGANTISCHE FÄCHERSPIRALE EINES SEIDENEN FORTUNY-LAMPENSCHIRMS ERZEUGT VÖLLIG ANDERE EFFEKTE (OBEN LINKS). DAS SCHWARZE FILIGRAN DES LAMPENSCHIRMS UND SEINE ELEGANTE QUASTE ÄHNELN EINEM ORIENTALISCHEN SCHIRM. HÄNGELAMPEN EIGNEN SICH BESONDERS GUT FÜR DIEJENIGEN, DIE DEN AUSGEPRÄGTEN LICHTKEGEL ÜBLICHER LAMPEN NICHT MÖGEN. WIRD LICHT VON DER SEITE BEVORZUGT, VERBINDEN DIESE FORTUNY-LAMPEN EINE ALTE FORM MIT EINER NEUEN IDEE: SIE HÄNGEN WIE SEIDENE LATERNEN AN EINEM STÄNDER UND ERHELLEN DEN RAUM MIT IHREM SANFTEN LICHT OHNE SCHARFE SCHATTEN.

石庭
石庭
石庭
石庭
平安神宮東
三越
三越
三越
阪本漢方堂

仁鏡

WUNDERVOLLE KISSEN UND DIE RUND BESCHNITTENEN BUCHSBÄUMCHEN SIND DEKORATIVER HAUPTAKZENT EINER LANGGESTRECKTEN BANK UNTER EINEM FENSTER. DIE VERSCHIEDENEN FORMEN UND STOFFE KOMMEN VOR DEM NEUTRALEN HINTERGRUND AUS NATURBELASSENEM KATTUN, WEISSEN WÄNDEN UND DEM GESTREIFTEN BODEN BESONDERS GUT ZUR GELTUNG. IN DEM ZEITGENÖSSISCHEN ENSEMBLE MISCHEN SICH LUXURIÖSE UND PREISWERTE STOFFE – ROTER SAMT UND EINFACHES POLSTERLEINEN. KLEINE DETAILS WIE PERLMUTTKNÖPFE UND KONTRASTIERENDE BORDÜREN WERDEN ZUM BLICKFANG. ASIATISCHE ELEMENTE ENTSTEHEN DURCH DIE AUFWENDIGE STICKEREI, DAS STILISIERTE EIDECHSENMONOGRAMM SOWIE DIE STOFFBAHNEN, DIE ÜBER DEN SITZEN LIEGEN, UND VERBINDEN SICH MIT WESTLICHEREN DEKORATIONSELEMENTEN WIE NATÜRLICHEM LEINEN UND ROLLKISSEN ZU EINEM GANZEN VOLLER HARMONIE.

und weichem Grau gehaltenen Raum. So lassen sich jene restlos durchkomponierten Räume vermeiden, bei denen noch die Schürze der Gastgeberin und die Bücher im Regal Ton in Ton mit der restlichen Einrichtung gehalten sind – eine Vorstellung, die bei violettem Samt zum Alptraum und bei dezenteren Stoffen zu gepflegter Langeweile wird.

Der Blick für Details hilft, ein »ganz nettes« Interieur zu einem außergewöhnlichen zu machen, das interessant wirkt und Eindruck macht. Ungewöhnliche Stoffe und raffinierte Tricks verwandeln Kissen, Nackenrollen und Überwürfe in Schmuckstücke. Kissen wirken opulent in Samt- oder Seidenbezügen, dramatischen Farben wie Chinesischrot oder Smaragdgrün oder mit einem winzigen Stickmotiv; oder sie werden mit altem Matratzendrell oder Polsterleinen bezogen und stilvoll mit Bändern und Knöpfen besetzt. Leder ist ein anderes Material, über das sich Gedanken lohnen – Akzente in weichem braunen Leder, über den ganzen Raum verteilt, wecken Assoziationen an teures Gepäck und lassen einen weitgereisten Wohnungsinhaber vermuten. So lassen sich schlichte Leinenvorhänge mit Lederbändern raffen, Kissen mit Lederknöpfen besetzen, was durch lederne Buchrücken im Regal ergänzt wird. Einen opulenteren Eindruck macht die Kombination von Leinen und goldener Seide, mehr Struktur zeigt Leinen mit Filz. Leitmotiv einer Einrichtung sollten zwei oder drei Materialien sein, die immer wieder auftauchen – genauso, wie andere Inneneinrichter Farben einsetzen.

Läufer sind nicht nur lange, schmale Teppiche in Korridoren und Treppenhäusern, sondern lassen sich abgewandelt auch auf Möbel übertragen. Die *Obi*-Schärpen japanischer Kimonos und die *Nobori* (schmale Banner) zeigen, wie sich dekorative Glanzlichter mit schmalen Bändern auf Sofa, Vorhang, Tisch oder Bett bringen lassen. So kommen sparsame Muster- und Farbakzente in einen Raum: mit einem dunkelroten Brokatstreifen mitten über einem cremefarbenen Sessel, mit einer Bahn alten, blau-weißen Matratzendrells auf einem weißen Stuhl oder dem Lieblingsstoff über einem viktorianischen Sofa.

Kontraststreifen auf Kissen und Polstern sind gleichfalls beliebt – hier liegt der dekorative Effekt im Nebeneinander von Farben und Strukturen. Leder und Leinen, Seide und Polsterleinen, Schwarz und Stein, Marineblau und Creme – jede Kombination hat ihren ganz eigenen Reiz. Ein alter, aber liebgewonnener Bettüberwurf wird mit einer kontrastfarbigen Einfassung wieder wie neu. Mit diesem Trick lassen sich auch Erbstücke aufbereiten, die für ein großes Bett eigentlich zu klein sind. Bei Kissen entstehen Kontraste durch die Kombination mehrerer Bezüge übereinander – Gemustertes mit Einfarbigem, Preiswertes mit Kostspieligem: Ein Bezug aus Fortuny-Seide wird über einen preiswerten aus Leinen gezogen, und beide Bezüge

werden offen miteinander verbändelt oder verknüpft. Knöpfe bringen überhaupt einen Hauch von Schneiderkunst und eine diskret luxuriöse Note ins Interieur. Sie lassen sich beispielsweise mit kontrastierenden Stoffen überziehen, oder werden von vornherein in alten Kurzwarengeschäften nach Material ausgesucht – Perlmutt, Metall oder Email in nostalgischem Blau-Weiß. Mit Knöpfen sind zum Beispiel Nackenrollenbezüge zu raffen: An den Enden überstehende »Pferdeschwänze« aus Stoff werden mit Knöpfen oder Seidenschleifen zusammengerafft. Preiswerte Bänder mit interessanter Struktur wie Teppich- oder Ripsband geben dekorative Paspeln für leicht abgenutzte Kissen ab.

Mit neuen Einrichtungsideen bekommen Räume ein exotisches Flair. Statt aufgeplusterter und säuberlich über Eck gestellter Sofakissen kann die geordnete Symmetrie japanischer Bodenkissen als Vorbild einer Sitzecke dienen. Kissen werden nach Größe aufeinander sortiert oder gleich große zu Türmen oder Reihen geordnet. Das geht schnell und einfach und sieht immer elegant aus. Große Bodenkissen nach asiatischem Brauch passen auch in westliche Einrichtungen, sind schnell umzuräumen und nehmen wenig Platz ein. Ein großer Diwan, in türkischem Stil gemütlich mit großen Kissen ausstaffiert, fungiert als Sofa oder Ruhebett und läßt sich rasch in ein improvisiertes Gästebett verwandeln. Unterschiedliche Elemente werden durch Wiederholung oder Symmetrie in Zusammenhang gebracht, indem sie eine geschwungene Form oder eine Farbe immer wieder aufnehmen. Leitmotive wie Leder oder Stein bzw. Farben wie Gold und Schwarz tauchen dann unvermutet an mehreren Stellen im Raum wieder auf.

Bei flexibler Lebensweise sind alle Räume im Haus gleich wichtig. Schlafzimmer und Badezimmer sind privatere Räume als Wohnzimmer und Küche, doch ein Reiskorb paßt in alle. Ein Innenarchitekt sollte Interpret, nicht Diktator sein. Ein Haus, welches eine Persönlichkeit widerspiegelt, hat auch dann noch Stil, wenn seine Einrichtungsmoden längst überholt sind. Möbel sagen mehr als alles andere im Haus über die Lebensweise der Bewohner aus; sie müssen daher nicht bis ins Letzte aufeinander abgestimmt sein, um ein harmonisches Gesamtbild zu ergeben. Ganz gleich, ob europäische Antiquitäten oder handgemachte Möbel bevorzugt werden – hier stehen schöne Stücke aus China oder Indien gleichberechtigt neben klassischem Chippendale oder Hepplewhite. So entsteht aus der Begegnung von »Ost und West« ein wahrhaft individueller und eklektischer Stil.

AUCH DER GEBRAUCH VON MUSTERN SOLLTE IN RUHE UND STRENGE RESULTIEREN. TRADITIONELLE PAISLEYS ODER KAROS KOMMEN SOWOHL IN ASIEN WIE IM WESTEN VOR, WAS SCHON FÜR IHRE HARMONISCHE QUALITÄT SPRICHT. EIN PRÄCHTIGER BROKAT (OBEN) VERLEIHT EINEM EINFACH GEPOLSTERTEN STUHL EINEN FARBTUPFER, KANN ABER JEDERZEIT WIEDER ENTFERNT ODER GEWECHSELT WERDEN. RUND UM MÖBEL MIT GEMUSTERTEN POLSTERSTOFFEN WIRD DARAUF GEACHTET, DASS DIE ANDEREN EINRICHTUNGS-ELEMENTE DES ZIMMERS WIE ETWA VORHÄNGE LUFTIG UND LEICHT GEHALTEN WERDEN, DAMIT KEIN ÜBERLADENER ODER GEKÜNSTELTER EINDRUCK ENTSTEHT.

KAMINE

EINE EINFACHE MÖGLICHKEIT, EINEN RAUM NEU ZU BELEBEN, LIEGT DARIN, DEN KAMINSIMS ZU VERÄNDERN. JEDES ENSEMBLE DREHT SICH UM ETWAS BESTIMMTES – EINE KLASSISCHE BÜSTE, EINE CHINESISCHE FIGUR (RECHTS) ODER EIN FARBLICHES THEMA WIE ETWA DER KONTRAST ZWISCHEN DEN KALBSLEDERBÄNDEN UND DEN ROTEN LACKWAREN (UNTEN). ERFOLG ODER MISSLINGEN JEDER KOMPOSITION HÄNGEN VON DER SORGFÄLTIGEN ANORDNUNG DER ELEMENTE NACH FARBE, FORM UND HÖHE AB.

Auf die Gestaltung von Kaminsimsen wurde in europäischen Häusern überraschenderweise mehr Kreativität verwandt als auf jeden anderen Einrichtungsgegenstand. Marmor, Stein, Metall oder Holz, schlicht oder fein geschnitzt, den Raum beherrschend oder bescheiden in der Ecke – die Vielfalt von Stilen und Materialien ist unendlich. Dementsprechend vielfältig sind die Möglichkeiten, einen Kaminsims vorteilhaft zur Geltung zu bringen. Häufig fällt der Kaminsims als erstes ins Auge; verändert man ihn, ändert sich damit auch gleich das ganze Zimmer.

In unseren Gefilden ist der Kamin oft Mittelpunkt eines Zimmers: ganz anders in Asien, wo der Herd Zentrum häuslichen Lebens war. Dabei handelte es sich in der Regel um ein offenes Feuer, das mitten im Raum in einer Stein- oder Tonsenke im Boden entfacht wurde. Ein Holzkohlefeuer brannte den ganzen Tag, und darüber hing immer ein Teekessel mit heißem Wasser. Einziges Gestaltungselement in dieser Komposition war der lange, verzierte Topfhaken *Jizaikagi* am Deckenbalken. Eine dem westlichen Kamin vergleichbare Bedeutung hatte der Präsentationsalkoven, den man in vielen asiatischen Häusern findet. Dieser Ort täglicher Gebete, in Japan *Tokonama* genannt, wurde zu Ehren der Götter und Vorfahren errichtet, die für das Wohlergehen der Familie verantwortlich waren. Als Tribut an die Götter wurden diese Hausschreine verschwenderisch dekoriert und bildeten, wie ein Kaminsims, den Mittelpunkt des Raums. Ausgewogenheit, Wiederholung und der Blick für Details sind, um es noch einmal zu sagen, die Grundpfeiler dieser Einrichtungsphilosophie und der Schlüssel zur wirkungsvollen Präsentation von Objekten und Kunstgegenständen. Ob schön gearbeitete englische Antiquitäten, buntes marokkanisches Porzellan oder schlichte Shaker-Utensilien – in so geordneter Umgebung kommt alles effektvoll zur Geltung. Das heißt nicht, daß alle Stücke genau zuein-

DIE HARTEN, GLÄNZENDEN OBERFLÄCHEN VON GLAS, METALL, GRÜNEM CHINESISCHEM PORZELLAN, KERAMIK UND LACKARBEITEN BEHERRSCHEN DIESE ARRANGEMENTS. DIE KALLIGRAPHIE-PINSEL (RECHTS) BILDEN IN IHREM WEICHEN ORANGE EIN LEICHTES GEGENGEWICHT.

ander passen und streng aufgereiht werden, wohl aber, daß sich Formen wiederholen, Objekte nach Größen gruppiert und gebogene durch gerade Linien ausgeglichen werden.

Die Anhänger dieses Stil-Dialogs beginnen ihr Arrangement mit einem besonders auffälligen Teil oder ihrem Lieblingsstück und bauen darauf ihre Komposition auf. Auf dem traditionell arrangierten, europäischen Kaminsims findet sich in der Mitte eine Uhr oder Statuette, rechts und links davon paarweise Kerzenständer und Vasen. Schon einfaches Umstellen erzielt ganz andere Effekte: Statt des üblichen symmetrischen Arrangements kommt vielleicht eine imposante Büste mit schönem Profil auf eine Seite. Oder lauter gleiche Blumen stehen einzeln in Vasen, die in gleichen Abständen auf dem Kamin aufgereiht sind. Manche Dinge ziehen dank ihrer ausgefallenen Form auch dann den Blick auf sich, wenn sie nicht in der Mitte stehen.

Gerade bei der Präsentation von Gegenständen bewährt sich das Prinzip asymmetrischen Gleichgewichts. Zwei große runde, schwarze Gefäße rechts neben dem Kamin wirken ähnlich wie viele kleinere, runde schwarze Gefäße auf der linken Seite – ähnlich, aber nicht gleich. Im Gesamteindruck können Formen, Größen und Farben fast gleich wirken, obwohl die Dinge selbst durchaus unterschiedlich sind. Diese Asymmetrie funktioniert, weil das Auge immer Gleichgewicht erwartet; bei asymmetrischen Arrangements befinden sich die Objekte zwar im Gleichgewicht, doch anders als erwartet. Erwartungen gekonnt zu unterlaufen, ist überhaupt

EIN KAMINSIMS GRUPPIERT SICH AM BESTEN UM EINEN MITTELPUNKT ODER EIN OBJEKT. SYMMETRISCHE ODER ASYMMETRISCHE KOMPOSITIONEN HÄNGEN DANN VON GRÖSSE UND TIEFE DES KAMINSIMSES AB. ALS BLICKFANG DIESER ELEGANTEN KOMPOSITION (RECHTS) WURDE EINE KLASSISCHE BÜSTE GEWÄHLT, DIE DEZENTRAL STEHT. SECHS BLÜTENKELCHE FOLGEN DEM SIMS IN GLEICHEM ABSTAND IN JEWEILS UNTERSCHIEDLICHEN BECHERN. DIE SCHRÄGEN BLUMEN NEHMEN DIE LINIE DER BÜSTE AUF UND VERMITTELN SO DEN EINDRUCK VON BALANCE. DIE HORNBECHER MIT IHREM SILBERNEN RAND GEBEN DEM MONOCHROMEN GESAMTBILD EINE BESONDERE NOTE. IM ZWEITEN DEKOR (GANZ RECHTS) FIEL DIE ENTSCHEIDUNG ZUGUNSTEN EINER SYMMETRISCHEN ANORDNUNG. HIER ZIEHEN DIE ORCHIDEEN NICHT DIE AUFMERKSAMKEIT ALLEIN AUF SICH, SONDERN FLANKIEREN DEN SPIEGEL UND LENKEN DEN BLICK SO AUF DAS SPIEGELBILD DES BUDDHA. DIE UNGEWÖHNLICHEN BLUMEN WURDEN IN EINZELNE GLÄSER GEPFLANZT, WELCHE DIE FORM VON BLÜTEN UND PFLANZEN GENERELL UNTERSTÜTZEN WIE AUCH DER LANGEN, SCHMALEN FORM DES KAMINSIMS ENTSPRECHEN. DIE NEUTRALE FARBGEBUNG AUS SCHWARZ- UND WEISSTÖNEN BILDET SCHLIESSLICH EINEN WIRKUNGSVOLLEN HINTERGRUND FÜR DAS SCHIMMERNDE GOLD DES BUDDHAS.

ein schöner Taschenspielertrick. Auf der Suche nach Inspirationen sollten zunächst die Erwartungen in einer bestimmten Raumkonstellation definiert werden – und dann das Gegenteil ausgeführt. Soll das wichtigste Bild über dem Kamin hängen, wäre die Vorstellung umso wichtiger, wie es woanders wirken und wie sich eine ganz schlichte Dekoration am Kamin machen würde.

Zwar hängen üblicherweise größere Bilder oder Spiegel über dem Kamin, einen zwingenden Grund gibt es dafür aber eigentlich nicht. Manchmal kommt die Kamineinfassung besser zur Geltung, wenn die Wand darüber kahl bleibt oder eine ungewohnte Dekoration trägt – eine Stammesmaske, eine Stoffbahn, ein Lacktablett. Statt eines einzigen großen Bildes empfehlen sich zur Abwechslung auch mal vier bis sechs dicht gruppierte Bilder. Soll es dennoch ein Spiegel sein, ist vor allem wichtig, was sich darin spiegeln soll – eine ideale Möglichkeit, an der Wand gegenüber ein Lieblingsbild oder eine Statue zu plazieren.

Was für die Möblierung gilt, gilt auch für den Kaminsims: Ein großes Objekt wirkt oft besonders eindrucksvoll. »Probieren geht über Studieren«: Stellen Sie einen überdimensionalen Kerzenständer, eine römische Büste oder eine hohe, schmale Lampe auf einen ausgewogen dekorierten Kaminsims und beobachten Sie, was sich dadurch verändert. Eine Reihe hoher

Kerzenständer wirkt viel dramatischer als einer an jedem Ende. Ein solches Arrangement ist wesentlich aussagekräftiger als Unmengen kleinerer Dekorationsgegenstände, die leicht unordentlich und zusammengewürfelt wirken.

Form und Wiederholung sind die Grundelemente asiatischen Flairs, wobei es gar nicht darauf ankommt, wie wertvoll ein Objekt ist, sondern welche Formwirkung es ausstrahlt. Immer wiederkehrende Formen, zum Beispiel von Büchern, Gefäßen, Pinseln, Gläsern, Schachteln und Schalen, verleihen dem Kaminsims Kontur. Das sollte beim Arrangieren und Ausbalancieren der Objekte bedacht werden; auch die Form des Kamins selbst verdient Beachtung. Diese Form findet im Arrangement auf dem Sims entweder ihre Entsprechung oder ein Gegengewicht. Viele Einfassungen haben beispielsweise elegant geschwungene Linien, deren Schönheit unterstrichen werden sollte. Ein sehr geometrischer Kamin verlangt als Gegengewicht eher nach einer geschwungenen Linie. Ein detailreich verzierter Kamin kommt wahrscheinlich am besten zur Geltung, wenn das Drumherum schlicht gehalten ist, schlichte Steineinfassungen dagegen bieten sich als ideale Kulisse für auffällige Stücke an. Was am meisten zusagt, muß man selbst ausprobieren. Aber: Kamine reichen bis zum Boden, die Dekoration am Fuße des Kamins sollte also mit der auf dem Sims harmonieren.

Objekte am Fuß des Kamins zu arrangieren ist eine ungewohnte, aber reizvolle Idee, denn der Platz auf dem Boden wird meist ignoriert. Eine riesige Vase, eine Sammlung aus großen runden Steinen oder geometrische Hocker zu beiden Seiten des Kamins dienen als Gegengewicht zur Dekoration des Simses, spiegeln deren Formen wider oder verleihen dem Ganzen neue Farb- oder Strukturimpulse. Diese Gestaltung lenkt die Aufmerksamkeit des Betrachters auf die Gesamtkomposition statt nur auf die Dekoration des Simses.

Immer schon waren Kaminsimse ein traditioneller Platz für Blumenarrangements, meist in Schalen oder Vasen. Auch hier bietet sich eine Gelegenheit für Neuerungen. Blumengestecke haben sich in China und Japan über die Jahrhunderte zu einer hochstilisierten Kunstform entwickelt, wo jedoch ganz andere Blumen als im Westen verwandt werden. Exotische Orchideen, Lilien und Pfingstrosen sind besonders beliebt und wirken völlig anders als beispielsweise europäische Rosen und Narzissen. Asiatische Blumengestecke bestehen immer nur aus einer oder zwei effektvoll eingesetzten Blüten. In unseren Breiten ließen sich einzelne, besonders schöne Blüten aussuchen und in eine Reihe gleicher, übergroßer Wassergläser oder schöner Vasen stellen. Ein solches Arrangement paßt gut auf den langen, schmalen Kaminsims, auf dem große Blumenschalen oft gar nicht so leicht unterzubringen sind. Für die Gesamt-

EIN KAMIN MUSS ALS GANZES BETRACHTET WERDEN, WOBEI DER UNTERE TEIL GENAUSO ZÄHLT WIE DER KAMINSIMS SELBST.

DIESE EINDRUCKSVOLLE KOMPOSITION WIRD DURCH IHRE WARME PALETTE AUS ORANGE-, ROT- UND BRAUNTÖNEN ZUSAMMENGEHALTEN, DIE IN DEN VERWENDETEN MATERIALIEN AUFSCHEINEN – DEM POLIERTEN GLANZ DER HOCKER UND DER TRUHE SOWIE DEM LEUCHTENDEN ORANGE DER GERBERA.

DIESE KOMPOSITION AUS QUADRATEN UND RECHTECKEN GING VON DER QUADRATISCHEN ÖFFNUNG DES KAMINS AUS.

DIE HOCKER DANEBEN NEHMEN DIE FORM AUF, WÄHREND TRUHE UND BILD BALANCE UND ABWECHSLUNG VERMITTELN. MIT DEN BEIDEN HOCKERN AN JEDER SEITE SOWIE DER TRUHE UND DEM BILD UNTERHALB BZW. OBERHALB DER GEOMETRISCHEN FORMEN WIRKT DAS ARRANGEMENT SYMMETRISCH UND ERGIBT EINE STRUKTUR, INNERHALB DERER DIE RUNDEN, WEICHEN BLUMENFORMEN IN EINER REIHE AUF DEM KAMINSIMS EINEN REIZVOLLEN KONTRAST BILDEN.

DIE TATSACHE, DASS DIE BLUMEN IN IHREN DICKEN TERRAKOTTATÖPFCHEN NICHT NUR AUF DEM KAMINSIMS, SONDERN AUCH AUF DER TRUHE STEHEN, UND DASS ALLE GRUPPIERUNGEN GRADZAHLIG SIND (ZWEI STÜHLE, ACHT BLUMEN AUF DEM SIMS, ZWEI AUF DER TRUHE) VERSTÄRKT DIE FÖRMLICHKEIT DIESES ENSEMBLES.

FÜR DIESES SIMS WURDE EIN GANZ UNGEWÖHNLICHER WEG GEWÄHLT, INDEM BLECHEIMER MIT ORIENTALISCHEN ZEITUNGSSEITEN BEKLEBT WURDEN, UM EIN DUTZEND BLUMEN BESTMÖGLICHST ZU PRÄSENTIEREN.

DER KRANZ AUS BLÄTTERLOSEN ZWEIGEN IN EINEM MOOSBETT BILDET EINEN WUNDERSCHÖNEN RAHMEN UM DIE AUFGEHENDEN BLÜTEN, DER VOR DER WEISSEN WAND STARK GRAPHISCH WIRKT.

BLUMENZWIEBELN BIETEN SICH FÜR SOLCHE ARRANGEMENTS AN, DOCH TROCKENBLUMEN KÖNNEN EBENFALLS ZUR GELTUNG KOMMEN UND ERGEBEN ÄHNLICH EINDRUCKSVOLLE LINIEN. DIESE LÖSUNG BIETET BEI BEHÄLTERN WIE PFLANZEN UNENDLICH VIELE VARIATIONSMÖGLICHKEITEN, DIE RELATIV EINFACH, ABER WIRKUNGSVOLL UMZUSETZEN SIND.

wirkung sind Form und Farbe der Blüten entscheidend: Sollen sie sich ins Gesamtkonzept des Raums einpassen oder im Kontrast dazu stehen?

Auch der Farbaspekt spielt eine wichtige Rolle bei der Gestaltung des Kaminsimses. Soll er Glanzlichter und Akzente im Raum setzen, oder soll er schon vorhandene Themen und Farbtöne aufgreifen? Es versteht sich von selbst, daß sich die Gestaltungsprinzipien dieses Buches problemlos auf Kaminsimse übertragen lassen. Bei der Gestaltung ist jedoch zu beachten, daß eher mit Strukturen und Abschattierungen als mit Farbe gearbeitet werden sollte. Der Einsatz von Farben sollte sich auf Töne aus der für den Raum festgelegten Farbpalette beschränken. Die natürlichen Strukturen von Materialien bewirken ein reizvolles Zusammenspiel von Oberflächen. Lebhafte Farben dienen lediglich als einzelne, auffallende Akzente.

Gerade weil der Kamin im Mittelpunkt der Aufmerksamkeit steht, verdient er einige Überlegung. Seine Dekoration benötigt Zeit, weil sie wesentlichen Einfluß auf die Gesamtwirkung des Raums hat. Auffällige Objekte und Kunstgegenstände ziehen ebenso die Aufmerksamkeit auf sich wie die ungewohnte Kombination von asiatischen und westlichen Raritäten. Langweilig gewordene Kompositionen lassen sich ohne große Umstände und Aufwand verändern. Die Gestaltung des Kaminsimses erlaubt die freie Entfaltung aller Kreativität.

TISCH

GERADE ZURÜCKHALTENDE TISCHE WERDEN AM BESTEN DURCH DEN EINSATZ KRÄFTIGER FARBEN UND KLARER FORMEN GESTALTET. TISCHLÄUFER MIT EINER KONTRASTIERENDEN EINFASSUNG LIEGEN GRAPHISCH WIRKUNGSVOLL KREUZWEISE AUF DEM TISCH. DIE ARTISCHOCKEN BILDEN STATT ÜBLICHERER FRUCHTSCHALEN ODER BLUMENGESTECKE DEN PLASTISCHEN MITTELPUNKT. DAS GANZE ARRANGEMENT BERUHT AUF KONTRASTEN – RUND UND VIERECKIG, HELL UND DUNKEL – UND DIE GEFALTETEN FORTUNY-SERVIETTEN RUNDEN ZUSAMMEN MIT DEN DUFTKERZEN DIE DEKORATION AB.

Die vollendete Kunst der Präsentation zählt ganz besonders, wo es um gedeckte Tische und das Arrangieren von Speisen geht. Wie schon Waren in einem Schaufenster oder auf dem Markt angeboten werden, zeugt von instinktivem Gefühl für Gestalt, Form und Farbe. Ein Tablett mit leuchtendbunten Bonbons in Japan, der Stand eines Gemüseverkäufers in Indien oder ein wunderbar harmonisch arrangierter Teller in einem chinesischen Restaurant – jedes eine Augenweide. Noch einmal sei darauf hingewiesen, daß die Grundprinzipien Ordnung, Wiederholung und Ausgewogenheit für jedes Arrangement dieses Buches gelten und in diesem Stil-Dialog konkret weiterentwickelt werden. Japaner verstehen es besonders gut, viele verschiedene Gegenstände auf kleinstem Raum zu einem Gesamtkunstwerk anzuordnen, bei dem alles Unwesentliche radikal verbannt wird. Bei der japanischen Teezeremonie auf *Tatami*-Matten hat alles seinen festen Platz, jeder Handgriff wird mit höchster Präzision ausgeführt. Vieles davon läßt sich für die westliche Tischdekoration übernehmen.

Gerade hierbei spielen Accessoires eine wichtige Rolle. Rund um den Tisch gibt es viele schöne Dinge, die einem Zimmer ganz von selbst Atmosphäre verleihen: handgetriebenes graviertes Silber aus Thailand, Lackwaren aus Burma, kleine geschnitzte Buddhas aus Mandalay, Keramiken aus China, Messing-Kochgeschirr aus Indien oder Sake-Tassen und Teeschalen aus Japan. Viele Objekte kommen gleich als Sammlung en miniature zum Verkauf: Häufig findet man kleine Tierformen in verschiedenen Größen als Opiumgewichte. Die geschnitzten Kne-

La
Description
La
Description
Marie D'orléans
Duchesse de Nemours
Madame

THEMATISCHE REPETITION IST DER SCHLÜSSEL ALLER TISCHDEKORATION; DABEI EIGNEN SICH UNGERADE ZAHLEN FÜR LOCKERE ARRANGEMENTS BESONDERS. EINE SORGFÄLTIG AUFGEBAUTE TISCHDEKORATION KANN EINEM ZIMMER DEN LETZTEN SCHLIFF VERLEIHEN. DREI AMARYLLISBLÜTEN IN DREI GLEICHEN TÖPFEN GEBEN ZUM BEISPIEL EINEM ANSONSTEN EINFACHEN, ZURÜCKHALTENDEN RAUM DEN LETZTEN, WICHTIGEN FARBTUPFER. DIESER EFFEKT KANN MIT EIGENTLICH JEDER BLUME WIEDERHOLT WERDEN, DOCH UNGEWÖHNLICHE BLÜTENFORMEN – LILIEN, ORCHIDEEN UND TULPEN – UND FARBEN WIRKEN BESSER. EIN AUGE FÜR DETAILS IST DABEI BESONDERS WICHTIG, DENN SOGAR DIE BLUMENTÖPFE SOLLTEN SPEZIELL AUSGESUCHT SEIN. DIESE VERWITTERTEN, MOOSGEFÜLLTEN TERRAKOTTATÖPFE ERGÄNZEN DIE NEUTRALE FARBGEBUNG DES RAUMES.

TISCHDEKORATIONEN MÜSSEN NICHT UNBEDINGT »GROSS« SEIN. SIND KLEINERE OBJEKTE HÜBSCH ARRANGIERT, WIRKEN SIE SOGAR ORDENTLICHER UND SCHÖNER ANZUSCHAUEN. DIE EINDRINGLICHE SCHÖNHEIT VON POLIERTEM UND LACKIERTEM HOLZ SPRICHT OHNE JEDE OPTISCHE ABLENKUNG FÜR SICH SELBST. DIE TIEFEN ROT- UND BRAUNTÖNE DER OPIUMGEFÄSSE NEHMEN DIE FARBTÖNE DER HOLZKISTE UND DES TISCHES AUF.

DAS DICHTE BLATTGRÜN, MIT ELEGANTEM SCHWARZ KOMBINIERT, ERGIBT EINE VORNEHME TISCHDEKORATION, DIE AUF KONTRASTIERENDEN FORMEN BERUHT. SOLCHE DEKORATIONEN KÖNNEN SCHNELL UNORDENTLICH SCHEINEN, DOCH STRIKTE FARBGEBUNG WIRKT BERUHIGEND. DIE GROSSEN GRÜNEN PLATTEN UND SOGAR DAS HERZSTÜCK – DICKE, GRÜNE TROPENBLÄTTER IN THAILÄNDISCHEN GEFÄSSEN AUS PAPIERMACHÉ – SEHEN ÜPPIG UND DOCH ZURÜCKHALTEND AUS.

belknöpfe japanischer Gürtel (*Netsuke*), mit denen man Kimonos schließt, wirken wie kleine Skulpturen und sind längst Sammlerobjekte geworden. Lack- und Korbwaren verschiedener Größen werden gleich als ganze Sets verkauft. Blau-weiße Keramik findet sich überall in Japan und China. Stein, Holz und Blattgold als Schmuck sind in ganz Asien verbreitet. Es muß jedoch nicht unbedingt eine rein asiatische Sammlung sein: Korrespondenzen in Form, Farbe oder Material findet man ebenso bei europäischen Stücken, etwa im Zusammenspiel einer bäuerlichen Reisschale mit handgemachtem Steingut oder einer silbernen Thai-Schale mit einem georgianischen Kerzenständer. Manchmal passen zwei Objekte in ihrer Klarheit zusammen – oder das verbindende Element liegt in ihrer Verzierung, auch wenn sie aus verschiedenen Materialien bestehen oder unterschiedlichen Funktionen dienen.

Anregende Tischdekoration basiert auf einer raffinierten Mischung von Repetition und Ausgewogenheit. Die einfachste Dekoration besteht darin, Gegenstände – ein ledergebundenes Buch, eine Ingwerdose, einen Silberlöffel, ein *Netsuke* oder ein Opiumgewicht – in akkuraten Reihen oder scheinbar spontanen Arrangements zusammenzustellen. Dieses einfache Gestaltungsprinzip läßt sich überall anwenden. Am stärksten ist die Wirkung, wenn jeder einzelne Gegenstand schon in sich eine Schönheit ist – eine Reihe leuchtender Blüten in der Tischmitte, eine Reihe blau-weißer Ingwerdosen oder eine Gruppe verzierter indischer Messinggefäße.

Genausogut kann ein bestimmtes Gestaltungselement immer wiederkehren. Das kann eine Farbe sein – Blau-weiß, Blaßgrün oder Chinesischrot –, ein Material – Leder, Silber oder Holz – oder ein Motiv, zum Beispiel eine Blume. Neben einem Vorhang mit stilisiertem Blumenmuster könnten auf einem Tisch eine Vase mit echten Blumen und eine Schachtel mit einem Blumen-

ALTE BÜCHER IN IHREN VERGILBTEN UMSCHLÄGEN VERZAUBERN JENSEITS IHRES INHALTES SCHON DURCH FORM UND AURA IMMER WIEDER, WESHALB SIE JEDE EINRICHTUNG POSITIV ERGÄNZEN.
AUCH BEI DEM SIAMESISCHEN KOPF SPIELT DIE FORM EINE WICHTIGE ROLLE, DIE DURCH DEN RUNDEN TELLER UND DIE ECKIGE LACKSCHACHTEL, IN DER SICH DIE STATUETTE SPIEGELT, ERST RICHTIG ZUR GELTUNG KOMMT.

motiv in Perlmutt-Intarsien stehen. Auch Formen können Leitmotiv sein: ein rundes Tablett, auf dem drei unterschiedlich große runde Schüsseln stehen, oder vier verschiedene eckige Gläser in einer Reihe. Oder dezenter: Eine konische Vase und eine flache Schale verbinden gewisse Formanklänge, wenn auch keine große Ähnlichkeit.

Das orientalische Prinzip ausgewogener Arrangements läßt sich gerade bei Tischdekorationen sehr gut anwenden. Zum besseren Verständnis sollten noch einmal die Prinzipien von Yin und Yang zitiert werden: Yin und Yang entsprechen sich bedingenden Gegensatzpaaren wie rund und gerade, dunkel und hell, kalt und warm etc.. Zwei runde und eine viereckige Schale können bereits eine ausgewogene Komposition bilden. Drei quadratische Schachteln finden ihr Gegengewicht in Steinkugeln in einer Schale. Eine einzelne helle Rose akzentuiert eine Sammlung von dunklem Holz und Lackarbeiten. Auch Gegenstände, die schon ein Kunstwerk für sich sind, gewinnen in diesen Arrangements Klarheit und Harmonie.

Ein schön eingerichtetes Zuhause teilt man gerne mit Freunden und Verwandten. Eine Einladung zum Essen ist die ideale Gelegenheit, Menschen unter seinem Dach zusammen zu bringen. Wie der Tisch gedeckt und welches Essen serviert wird, gehört ebenso zum Stil wie die Anordnung der Möbel. Einen runden Gesamteindruck bringt nur zustande, wer auch Kleinigkeiten Beachtung schenkt.

Keine andere Küche hat unsere Koch- und Eßgewohnheiten in den letzten zehn Jahren so stark beeinflußt wie die des pazifischen Raums. Asiatische Gewürze wie Ingwer, Kardamom und Stern-Anis haben den Weg in unsere Haushalte und Restaurants gefunden. Asiatische Kochtechniken wie das Dämpfen oder das Braten im Wok ergänzen sich hervorragend mit

ZWEI FORMELLERE DEKORATIONEN: DAMIT ALLE SICH DARAN FREUEN KÖNNEN, WIRD EIN KUNSTVOLL GESCHNITZTER TISCH NICHT VERDECKT. SERVIETTEN-RINGE AUS LANGEN SEIDENBÄNDERN SORGEN FÜR DEN NÖTIGEN KONTRAST, WÄHREND GROSSE TELLER UND PLATTEN DAS HOLZ SCHÜTZEN.

ALTERNATIV DAZU STEHT EINE ANDERE VARIANTE MIT GESTÄRKTEN WEISSEN LEINENSERVIETTEN IN STARKEM KONTRAST ZU DER DUNKLEN TARTANTISCHDECKE; BLUMEN UND KERZEN KOMMEN AUF DEM TISCH ODER UM IHN HERUM BESONDERS GUT ZUR GELTUNG. ZUSAMMEN MIT EINEM EINDRUCKSVOLLEN ARRANGEMENT AUS ZWEIGEN UND KERZEN AUF DEM KAMINSIMS IST DAS RESULTAT EINE KOMPLETTE RAUMGESTALTUNG.

westlichen Methoden wie Grillen und Kochen. Durch das Interesse an asiatischen Zutaten entstand eine ganz neue Art, mit Speisen umzugehen. Das hat wiederum auch zu einem neuerwachten Interesse an Tischdekorationen geführt, sei es nun bei hochoffiziellen Anlässen oder einem Abendessen für Freunde. Der Gesamteindruck soll die Sinne anregen – und das fängt bereits beim Tischdecken an.

Das Endergebnis kann durchaus kunstvoll wirken, die Grundelemente guter Tischdekoration sind jedoch immer schlichte Formen und klare Farben. Große runde Teller können aus Ton, Glas oder Porzellan sein, doch Farbe ist das verbindende Element: Jade, Blaßgrün oder ein dunkles orientalisches Blau. Klares oder farbiges Glas führt dieses Thema fort. Anstelle von Sets haben sich in westlichen Haushalten und Restaurants große Platzteller immer mehr durchgesetzt. Lotus- oder Bananenblätter verleihen einer Tafel sofort asiatisches Flair. Die Grundstruktur aller Tischdekoration sollte auf Linien und Rechtecken aufbauen, das verbindende Motiv der dekorativen Elemente kann jedoch der Kreis sein: Er kehrt in der Form der Teller, Gläser, Vasen oder sogar bei trichterförmigen Blüten wieder.

Die Tischdekoration wird einfarbig gehalten, damit Formen und Strukturen bestmöglich zur Geltung kommen. Beschränkung tut gut: nur eine Form, etwa der Kreis, für Tisch und Teller. Zwei oder drei Farben, etwa Grün und Schwarz, und drei oder vier Materialien, etwa Porzellan, Glas und Leinen, sind mehr als genug. In der Mitte stehen zur Abwechslung Artischocken in einer Schale, oder ganz schlicht glänzende grüne Blätter. Solche Dekorationen eignen sich für jede auffallende Farbe oder interessante Form – zum Beispiel für eine Pyramide aus Zitrusfrüchten, Kürbissen oder Steinkugeln. Servietten greifen das Farbmotiv auf, jedoch mit einer anderen Struktur, etwa plissierte Fortuny-Servietten oder solche aus knittrigem Leinen.

Auch mit asiatischen Stoffbannern lassen sich aparte, eher elegante Tischdekorationen herstellen. Die Stoffbahnen geben ein Raster für die Tischordnung vor und lassen das Porzellan klar und wirkungsvoll zur Geltung kommen. Alternativ kann ein Läufer aus Leinen, Polsterstoff, farbigem Samt oder Brokat in der Tischmitte zur Geltung kommen. Das wirkt auf blankem Holz ebensogut wie auf einem Tischtuch. Solche Anordnungen lassen sich nach Belieben erweitern, zum Beispiel zu einem kreuzförmigen Arrangement aus Bahnen oder Läufern in einer oder mehreren Schichten. Schon aus diesen wenigen Anregungen lassen sich zahlreiche Tischdekorationen komponieren, mit denen jeder Tisch zu jedem Anlaß immer wieder anders aussieht.

INDEX